証言　昭和平成プロ野球

語り継ぎたいあの伝説と事件の真相

二宮清純

廣済堂新書

カバー写真　上：巨人V8達成で胴上げされる川上哲治監督
（1972年10月13日　後楽園球場）
下：広島初優勝で胴上げされる古葉竹識監督
（1975年10月15日　後楽園球場　中国新聞社提供）

はじめに

一般社団法人日本プロ野球名球会（名球会）という団体がある。現在は山本浩二が理事長、柴田勲と古田敦也が副理事長、長嶋茂雄と王貞治が顧問を務めている。

名球会の歩みは複雑である。一九八七年七月に任意団体「昭和名球会」として発足した。当時の入会資格条件は、投手は「200勝以上」、野手は「2000本安打以上」で、セーブに関する規定はなかった。

不思議なのは、わざわざ「名球会」の前に「昭和」の二文字を入れたことだ。というのも、先の入会資格条件を満たしながら、大正以前の生まれということで排除された選手が、川上哲治、杉下茂、藤本英雄、中尾碩志、別所毅彦、野口二郎、若林忠志、ヴィクトル・スタルヒンと8人もいたからだ。5人の存命者を含め「名球会」でスタートした方がシンプルでわかりやすかったのではないか。

以下は、「昭和名球会」創設に関わった、ある会員から聞いた話。

「理由は二つあります。ひとつは発起人の金田正一さんが、長嶋さんと川上さんの関係に気を使ったこと。長嶋さんが『男のけじめ』といって監督を辞任したのは名球会創設の二年後の八〇年秋ですが、長嶋さんは川上さんが〝解任劇〟の黒幕だと疑っていた。それに創設前から二人の関係はギクシャクしていた。人気のある長嶋さんを名球会に引き込みたい金田さんにすれば、川上さんを切り捨てる必要があった。といっても、川上さんひとりを切り捨てるわけにはいかない。そこで、あえて入会資格から大正生まれを外したんだと思います。

もうひとつは、400勝投手で〝金田天皇〟と呼ばれるくらいの権勢を誇った金田さんですが、プロ野球はタテ社会、うるさ型の別所さんらを入れたくなかったのではないか。それに前人未到の記録を持つ金田さんでも巨人生え抜きで、読売というバックがあるON（王・長嶋）にはコンプレックスがあったようで、よく〝オレには後ろ盾がない〟とこぼしていました。自ら立ち上げた名球会を権力基盤にして、プロ野球に一定の影響力を確保したかったのだと思います」

しかし法人格を持たない任意団体では、町内会や同窓会と同じ扱いとなり、社会的信用が低く、銀行口座の開設も容易ではない。現に名球会でも、いろいろなトラブルが発生した。

そこで八一年九月に「株式会社日本プロ野球名球会」（代表取締役・金田正一）に改組するのだが、事務局が金田の個人事務所「カネダ企画」内に置かれたことにより紛糾する。

二〇〇九年、金田が代表取締役を辞任し、一〇年一〇月、「一般社団法人日本プロ野球名球会」へと装いを改める。だが、その後も株式会社は存続し、一一年二月に解散した。

言うまでもなく一般社団法人は非営利法人ゆえ、余剰利益を分配できないという縛りはあるものの、監督官庁が存在しないため行政から監督、指導を受けることはない。優遇税制と引きかえに何かと制約の多い「公益社団法人」と比べた場合、活動面での機動性は十全に確保されていると言えよう。

このように比較的容易に設立できる「一般社団法人」においても、定款には法人設立の明確なる「目的」の記述が義務付けられている。名球会のそれは〈社会の恵まれない方々への還元と日本プロ野球界の裾野の拡大〉と実に崇高である。

この文言の後半部分に注目してみたい。〈日本プロ野球界の裾野の拡大〉。プロ野球界の裾野とは、二軍や三軍、あるいは出番の少ない選手を指すのか。それともプロ野球界を支える下部構造、すなわちプロはプロでも独立リーグやアマチュア野球、あるいは少年野球までをも視野に入れているのか。文面上はどちらともとれる。

いずれにしても〈裾野の拡大〉を目的とするのなら、現在の三つの入会資格条件〈通算200勝以上〉〈通算250セーブ以上〉〈通算2000本安打以上〉には加筆が必要だろう。

たとえば二〇年八月、前人未到の通算350ホールドに到達した北海道日本ハムの宮西尚生。資格条件にホールドの項目がないため、仮に記録を500に伸ばしたところで、名球会のブレザーに袖を通すことはできない。日米通算134勝128セーブ104ホールド、いわゆる〝トリプルハンドレッド〟の上原浩治が非会員なのも、彼の入会意思は別として個人的には違和感を覚える。仮に通算〝199勝249セーブ〟の投手が現れても門前払いだ。

果たして、これでいいのだろうか。

この前書きで、敢えて「名球会」について触れたのは、川上や別所から存命中に、「昭和」と冠されたこの会についての感想を聞くことができなかったからだ。彼らは、この団体を腹の中では、どう思っていたのだろう。

個人的なことを言えば、二〇二〇年二月に還暦を迎えた。私ももう若くはない。聞くべきことは聞き、書き残すべきことは書き残す。残りの人生は、野球を始めとするスポーツの「オーラル・ヒストリー」作成に費やそうと考えている。証言に対する解釈は決してひとつではない。本書は、その第一弾である。

二〇二一年九月

二宮清純

目次

第三章　証言　巨人V9――不滅の連覇の舞台裏　69

第六章　まさに命懸け!?　昭和平成プロ野球稼業　211

第一章

魔球伝

杉下茂――フォークボールの伝道師

小鶴誠とラビットボール

現役最古参のプロ野球評論家は「フォークボールの神様」と呼ばれる杉下茂である。中日などで通算二一五勝（一二三敗）をあげ、一九五四年には三二勝一二敗、防御率一・三九の好成績で中日初のリーグ優勝、日本一に貢献した。

二〇一四年春、統一使用球の反発係数が基準値を上回っていた事実が発覚した際、「ラビットボール」との比較が話題になった。ラビットボールとは一九四九年から五〇年に使用された、いわゆる〝飛ぶボール〟のことで、四九年には大阪の藤村富美男が年間最多（当時）の四六本塁打を記録した。

翌一九五〇年、プロ野球はセ・リーグとパ・リーグに分立。この年、驚くべき記録が誕生する。松竹の小鶴誠が藤村の記録を塗り替え、史上初めてホームランを五〇本台に乗せたのだ。小鶴は五一本塁打、一六一打点で二冠王となった。ちなみに打点もシーズン最多記録で、六〇年以上経った今も破られていない。

ちなみに小鶴が五〇本台以上のホームランを放ったのは、この年だけである。二番目の記録となると二四本（四九年、五一年）と激減する。一〇〇打点以上も、この年のみだ。

なぜ、この年だけ小鶴は大爆発したのか。後に松竹の監督を務めた新田恭一から学んだ「ゴルフ式スイング」が理由としてあげられるが、それだけではない。先述したラビットボールの影響に依るところが大だった。

果たしてラビットボールとは、どんなボールだったのか。真相を知るには、杉下に聞くより他に手がない。

――数多（あまた）いる評論家の中で、実際にラビットボールを使用した経験があるのは、もう杉下さんを含めて数人でしょう。

杉下　そうだと思いますよ。当時、中日で一緒にやったのも、もう加藤進さんくらいかなぁ……。

――どんなボールだったのでしょう？

杉下　戦争が終わったばかりの頃は化学繊維の糸で芯を巻いたボールを使っていました。軟らかいから打つと変形しちゃうんです。反発力も乏しい。それじゃ、おもしろくないというので、昔のように純綿の糸でつくれないかと。それでできたのがラビットボールなんです。

――やはり、それまでのボールとは飛距離が違いましたか。

杉下　それ以前のボールよりは飛んだけど、それでも今のボールほどではないんじゃないかな。それに関東と関西とでは使用球が違っていて、関西のボールの方が飛んだんです。

――それは初耳です。

杉下　当時はね、ボール一個つくるのも家内工業でやっていた。天井から糸をぶら下げて、おばちゃんたちが一個一個、手作業で巻いていた。だからボールの出来に差があったんです。

――つまり、関西の方が出来は良かったと？

杉下　そうかもしれませんね。関西のボールの方が硬く、握りやすかったのに対し、関東のボールは軟らかくてへこみやすかった。だから投げにくかったんです。

――名古屋は？

杉下　名古屋は関西のボールです。だから関東に遠征に行くと投げにくくて「もう少し硬いボールを使わせてくれないか」と審判にお願いしたものですよ。でも、当時は「ボールを換えてくれ」なんて言ったら、「ボールくらいのことで文句言うな！」という時代。ボールを換えてもらったことなんてなかったね。

――関東のボールは軟らかくて投げにくい半面、ボールは飛ばない。打たせて取るタイプのピッチャーは、むしろ、こちらの方が良かったのでは？

杉下　確かにそれはありました。しかも当時は関東での試合といったら、後楽園がほとんどで狭かったですからね。それで助かったピッチャーもいましたよ。

――昔のボールは保管方法にも問題があったと聞きます。

杉下　特に梅雨時はそうですね。（湿気を含んで）重くて投げにくい。一回、甲子園で「これ、重すぎるんじゃないの？」と文句を言ったことがある。すると、次に遠征した時は、なぜかボールが温かい。おそらく乾燥させたんでしょうね。

――小鶴さんが五一本のホームランを放った一九五〇年、杉下さんは一本しか打たれていないとか？

杉下　小鶴さんは僕からすると投げやすいバッターでした。当時の松竹には小鶴さんの他にも大岡虎雄さん、岩本義行さんと強打者が揃っていましたが、三人ともタイプが違うんです。嫌だったのは大岡さん。バットを水平に振るから、どんなボールにもついてくる。これには手こずりました。岩本さんの神主打法も厄介だった。

ところが小鶴さんはゴルフ式のスイングだから高めにストレートを投げると、まず打たれない。なまじカーブを投げたりすると、うまく拾われてしまうから、だいたい高めのストレート勝負でした。

初代ミスター・タイガースと打撃の神様

――初代〝ミスター・タイガース〟の藤村さんは、どうでしたか。

杉下　藤村さんといえば、物干し竿。三七インチのバットを振り回していました。でも、欠点もあった。長いバットを利用して遠心力でボールを飛ばすタイプだから、内側のストレートにはついてこられないんです。

――そんな大きな欠陥がありながら、よく通算二二四本ものホームランを打ちましたね。

杉下　藤村さんは演技がうまかった。たとえば内角にストレートを放ると、見送った後、スタンドに向かって〝ホームラン一本、損した〟というジェスチャーをするんです。それにごまかされて次は外に放る。藤村さんは、それを待ち構えてガツンとやる。これは見事な作戦でしたね。

――そんななか、「最強打者は川上哲治」というのが持論ですね。

杉下　僕が明大から中日に入団したのは一九四九年ですが、当時は巨人の黄金期でした。川上、千葉茂、青田昇……。入団していきなり「巨人戦で放りたい」と言ったら、先輩から「一〇年早い！」と叱られました。逆にいえば、当時、巨人相手に投げるのが、ピッチャーにとっては、それだけ名誉なことだったんです。

とりわけ、僕が憧れたのが川上さん。「川上さんをど真ん中のストレートで打ち取れるピッチャーになる」というのが、プロ入りしてからの最初の目標でした。

――〝打撃の神様〟のバッティングはいかがでしたか。

杉下　もう全くスキがなかった。打たれても打たれても僕はストレートで勝負した。フォークボールは、ほとんど使わなかったね。

――なぜ〝伝家の宝刀〟を封印したのでしょう。

杉下　フォークボールで打ち取ってもおもしろくなかった。だって、誰も打てないんだから……。五一年か五二年頃、川上さんに三球だけフォークボールを放ったことがある。もちろん川上さんも打てなかった。その時、川上さんがこう言いましたよ。「キャッチャーも捕れないボールをどうやって打つんだ?」って。その時のキャッチャーは僕のフォークボールをミットにきちんと収めることができなかった。

――一九五四年、リーグ優勝と日本一を果たしたこの年だけはフォークボールを〝解禁〟したそうですね。

杉下　あの年くらいですよ、川上さんにフォークボールをまともに投げたのは。僕の記憶では、完璧なフォークボールは一回もバットに触れたことがない。念願の日本一にもなったので、翌年からは再びフォークボールを封印しました。あれは名古屋でのゲームかな。川上さんにカーブをホームランされた。試合後、トヨタの重役たちとの宴会で、「杉下のフォークを打ったぞ!」って吹聴していたそうです。あれは本当はフォークの握りで試しにカーブを放ったんですけど、僕は黙っていましたよ……。

軍隊生活で覚えた投げ方

――杉下さんは帝京商業学校(旧制)の出身ですね。その頃からピッチャーだったんですか。

杉下　いや、ファーストです。帝京商ではピッチャーのピの字もやっていない。なぜならヒジを痛めていたからです。もう痛くて痛くてボールが放れない。打つだけの選手でした。

僕の同期生に藤原鉄之助というキャッチャーがいた。後に名古屋軍に入ったんですが、ノックで僕がファーストからホームに放ると、「スギ、もう少し速いボール放らんか！山なりのボールばかり放りやがって」と、よく怒っていましたよ。

――甲子園には？

杉下　僕が三年の時、戦争で大会が中止になったんです。四年の時には文部省主催の「全国中等学校錬成野球大会」があり、それにも出られなかった。五年の時は、また中止になりました。

――商業学校卒業後、いすゞ自動車に入りました。

杉下　当時はヂーゼル自動車工業といって戦車や軍用トラックをつくっていました。今の日野自動車も、そこから分かれてできたんです。僕は昭和一九年の一月に入社して、一二月に軍隊に入隊しました。出征地は中国で南京の予備士官学校に行く予定でした。

ところが輸送船が撃沈されて書類が届かないものだから学校に行けない。それに僕は一二、一三歳頃から体調が悪く、ランニングしても息がつまってどうにもならない。原因は医者の説明によると、急に体が大きくなったのに対し、内臓の成長が追いつかなかったということ。早い話、体の中が空洞になっていたんです。医者からは「運動はいけない。日なたにも出るな。水にも浸かるな」と言われました。十年ほど前にレントゲンを撮ったら、結核の痕跡が見つかりました。

——そんな体でよく徴兵検査に合格しましたね。

杉下　それが、よくわからない。当時はレントゲン撮影といっても集団で撮っていたので引っかからなかったんじゃないですか。

——軍隊生活は厳しかったでしょう?

杉下　それが僕の体にとっては最高に良かった。軍隊の食い物が良くてね、もう毎日のようにトンカツを食べていましたよ。僕は中支（中国中部）にいて、いわゆる倉庫番をやっていたんですが、僕らの部隊は裕福でブタも飼っていた。おいしいものばかり食べるものだから、復員した時は体重一〇〇キロくらいまで太っていました。

——軍隊といえば、沢村栄治さんの投げた手榴弾は八〇メートル近く飛んだとの〝伝説〟

もあります。杉下さんは？

杉下　いくら恵まれた部隊だったとはいえ、曲がりなりにも軍隊ですから手榴弾は放ります。手榴弾って、普通に放ってもうまく飛ばないんです。しかも、僕はヒジが悪かった。

だいたい狙うのは二〇〜二五メートル先のトーチカです。立って放ると弾に当たるから匍匐（ほふく）のまま投げなくてはならない。でも一キロ近くもある鉄の塊を寝転がったまま放れるわけがない。そこで考えたのが遠心力を利用した投法です。鉄兜（てつかぶと）でガンと信管を突いて、腕を伸ばしたままドーンと放る。すると数秒後、二〇〜三〇メートル先で爆発するんです。

野球でいえば、ヒジを使わない投げ方。そして肩を丸く使う。これは手榴弾を投げることで覚えました。

回転しないボール

――究極のオーバーハンドですね。終戦後、いすゞ自動車に戻り、野球を再開しました。

杉下　昭和二一年の一月に復員しました。プロ野球は昭和一九年限りで一時、中止になっていたものですから、大和軍の選手たちがいすゞに入っていました。いすゞが野球部を正式に立ち上げたのは四月からです。僕は、その前に会社を辞めているのですが、退職前に川崎コロムビア相手に一試合だけ投げました。

——その試合で球審を偶然、務めたのが商業学校時代の監督・天知俊一さんです。そして彼の母校である明大に入るわけですね。

杉下　そうです。二一年の春に入学しましたが、僕は春のシーズンは野球部に顔を出していないんです。野球道具をひとつも持っていなかったものだから、「入れてくれ」とは言い出しにくかった。

ところが八月に大学の学生課から呼び出され、「キミ、野球やるために入ったんだろう？野球部が待っているから行けよ」と。とりあえず、代田橋にある野球部の合宿所に行ったんです。「杉下ですけど、道具は何も持っていません」と話したら、マネジャーから「とにかく、明日から練習に出ろ」と言われ、道具はどこかから調達してもらいました。

——当時の監督は八十川胖（やそがわゆたか）さんですね。

杉下　八十川さんは最初から僕にピッチャーをやらせる計画だったようです。八十川さんも横手投げのピッチャーだったものだから、いい後継者ができたと思ったんでしょうね。

――その頃、杉下さんは横から投げていたのですか。

杉下　いや、下からです。先にも言ったように僕は帝京商時代、ファーストをやっていた。ゴロを捕って一回転しながら下から投げる。その姿を八十川さんが見ていたみたいなんです。

――練習は厳しかったのでは？

杉下　夏休みには午前中だけで三〇〇球放らされました。昼飯は溶いたメリケン粉をフライパンで焼いた、今でいうクレープのようなものだけ。そして、また午後一時から練習ですよ。それもフリーバッティングで二時間放りっ放し。フリーバッティングといっても、先輩たちは好きなコースしか打ってくれない。苦手なコースは全部ボールなんです。「いつになったら、ストライク放るんだ！」とよく叱られたものです。

――天知さんは、いつ監督に就任したんですか。

杉下　いや、天知さんが就任したのは技術顧問というポストでした。昭和二三年から宮坂達雄さんが監督になります。しかし宮坂さんはマネジャー出身のため、技術的なことは何も教えられない。それで天知さんが技術面を指導することになりました。

――この天知さんから、杉下さんはフォークボールを紹介されたんですよね？

杉下　経緯はこうです。当時、大学の野球部はオフに全国を回りながら試合をしていた。その途中で岡山の琴浦商に東谷夏樹という評判のピッチャーがいたんです。天知さんはなんとしてでも、そのピッチャーを獲りたいと思っていた。それで僕に「オマエが残って教えろ」と……。

――コーチ兼スカウトですね。

杉下　そうです。その時、僕は東谷にナックルボールを教えた。どうしてもカーブが投げられないものだから、別の変化球を教えたんです。その様子を見ていたのが天知さん。「オマエ、器用にナックル放るな」と。もちろん自己流ですよ。誰に教わったものでもない。

で、学校から旅館に戻る道すがら、いきなり天知さんが僕に聞いてきた。「スギ、フォークボールって知っているか？」と。「いや、知りません。聞いたこともありません」と僕。「中指と人差し指で挟んで放るらしいんだけど、オマエならできるんじゃないか……」そう言われても、見たこともないボールを投げられるわけがない。「いったいぜんたい、どういうボールなんですか？」「ナックルだよ」「回転しないボールですか？」

「そうだ、回転しないんだ」。そんなやりとりでした。「あとはオレ、わからん」って（笑）。

——天知さんは、どこでフォークボールのことを知ったのでしょうか。

杉下　大正一二年に明大が当時の五大学リーグで優勝したんです。そのご褒美でアメリカ遠征したらしい。ちょうど、その頃、向こうにハーブ・ペノックという左投手がいて、彼がフォークボールの名手でした。天知さんたちは帰国してからフォークを相当、練習したようなんです。でも、うまく放れなかった。それで僕の長い指を見て、「オマエなら放れる」と確信したようです。

無双フォークの実戦デビュー

——フォークボールが完成するまでには、どのくらいの時間が必要だったのでしょう？

杉下　う〜ん、だいぶかかりましたね。それでも大学の時にはだいたい完成していました。

——六大学野球では、どれくらいフォークを放ったんですか。

杉下　一球だけですよ。

——たった一球!?

杉下　立教戦で山崎というバッターに投げた。彼はバットを振りかけてやめたんです。ところがボールがバットの根っこに当たってサードのライン上に止まってしまった。だから僕の〝初フォーク〟の結果は内野安打なんです。

――バッターも驚いたでしょうね。

杉下　驚いたも何も、訳わかんなかったんじゃないですか。たぶん、ナックルと思ったでしょう。要するに回転しないボールでしたから……。

――運悪くヒットになったとはいえ、内容は杉下さんの勝ちです。なぜ、その後、フォークを封印してしまったんでしょう？

杉下　縁起が悪いからやめたんですよ。それにストレートとカーブだけで、だいたい抑えられましたから。

――六大学では二〇勝一二敗という戦績を残して一九四九年に中日に入団します。高校時代の恩師、さらには明大の先輩で中日の監督に就任した天知俊一さんの誘いによるものでしょうか。

杉下　当時は一リーグ制で、一応、どの球団からも声はかかりました。しかし、「天知のところに行くからダメだ」と諦めたみたいですね。それはともかく、僕は本音ではプロに行く気はなかったんです。当時、プロ野球は「職業野球」と呼ばれていて、まだ「そんなもの職業にするもんじゃない」という時代ですよ。

——ちなみに一年目の給料は？

杉下　月給五万円です。一年目に八勝（一二敗）したら、二年目から三万円上がって八万円になりました。母親には「ろくすっぽ勝っていないのに、なんで給料が上がるんだ」って怒られました（笑）。

——調べたところ、当時は大卒の銀行員で初任給三千円程度です。それを考えたら、大金と言えるんじゃないでしょうか。

杉下　まぁ、そうかもしれませんね。昭和二九年に中日が初優勝した時には、中日新聞の全社員にボーナスとして三千円が支給されましたよ。

——話を野球に戻しますが、一年目、八勝しかあげられず、しかも大きく負け越した理由は、どこにあったのでしょう？

杉下　実はプロに入る前年、神宮で滑って転んだ際に肩を痛めたんです。中日に入って一時は良くなったんですけど、五月にまた痛めちゃった。翌年のキャンプも球拾いばかりで、ピッチングを再開するのには時間がかかりました。

——一年目は八勝だったとはいえ、〝青バット〟の大下弘さん（東急）からフォークボールで三打席連続三振を奪っています。

杉下　実はキャッチャーのサインはカーブでした。でも、ランナーがいてヒットを打たれたら点を取られる場面だったので自分の判断でフォークを投げたんです。でも、同僚にはフォークとは言わずに「スピードを抜いたカーブ」と言っていました。

——キャッチャーも大変だったでしょうね。なにしろ予測のつかない変化をするわけですから……。

杉下　僕のフォークは揺れながら落ちるから、ミットが動いちゃう。要するにボールを追っかけてしまうんです。だから（捕手の）河合保彦あたりは生傷が絶えなかったみたいですね。

——基本的な質問ですが、中指と人差し指で挟んで抜くわけですから、フォークボールはオーバースローのピッチャー以外は投げにくいのでは？

杉下　いや、そんなことはありません。サイドスローのピッチャーでもアンダースローのピッチャーでも投げられます。ボールを挟んで、そのまま素直に投げればいい。余計なことをする必要はない。

――手首を立てないと、うまく抜けないのでは？

杉下　手首なんて立てる必要ありませんよ。横からだろうが、下からだろうが、指に挟んでヒョイと抜けばいいわけだから。注意するとしたら、縫い目に（指を）かけないこと。回転がかかると、その時点でフォークじゃなくなってしまいます。だから僕はロージンも使わなかった。指のかかりが良くなると逆効果ですから、ロージンは邪魔でしたね。

豊田・中西も魔球にお手上げ

――最近のピッチャーはフォーシーム、ツーシーム、カットボールにスプリット・フィンガー……と球種が豊富ですが、現役時代、杉下さんもさまざまなボールを投げていたと言われます。

杉下　そうです。僕に言わせれば呼称が増えただけのこと。現役時代、キャッチャーの野口明さんや河合は「シュート、スライダーはストレートのサインで投げてこい。あんなものは真っすぐ（の一種）だ」とはっきり言っていました。ただ、「カーブとフォーク、これだけはサインじゃなきゃ捕れない」とも。だから当時のサインは真っすぐとカーブとナックル（フォーク）、この三種類だけでした。

――プロ入り二年目の一九五〇年、二七勝（一五敗）をあげてエースとなった杉下さんは、この年から六年連続で二〇勝以上をあげます。とりわけ一九五四年の活躍は見事でした。三二勝（一二敗）をあげ、沢村賞、ＭＶＰ、最多勝、最優秀防御率などタイトルを総ナメにします。この年、中日は球団創設以来、初のリーグ優勝、日本一に輝きました。

杉下　前年の秋、西沢道夫さん、児玉利一さん、野口さんらと（当時、総監督に退いていた）天知さんの自宅まで頭を下げに行った。「天知さん、来年は絶対に優勝させるから監督をやってください」と。「そうか、約束するか？」「はい」。これで天知さんの再登板が決まったんです。

僕にとって天知さんは帝京商業からの恩師だから、昭和二九年は必死になって投げましたよ。以前にもお話ししましたが、優勝するには巨人を倒さなきゃいけない。そのためには川上哲治さんを抑えなきゃいけないということで、この年だけはフォークを使いましたよ。それでも、ここぞという場面だけでしたけどね。

――日本シリーズの相手は西鉄でした。大下さん、中西太さん、関口清治さん、豊田泰光さんら強打者が揃っていました。結論から言えば、杉下さんはこのシリーズ、三勝（一敗）をあげてMVPに輝きます。

私が取材した中で印象に残っているのは、豊田さんの次の言葉です。「初戦の第一打席、杉下さんは一球だけフォークを投げてきた。左右に揺れながらヒザ元にストンと落ちた。生まれて初めて見るフォークでした。結局、杉下さんが僕に対して投げたフォークは、この一球だけ。でも最後まで、このフォークが気になって、自分のバッティングができなかった。つまり、杉下さんは心の中に魔球を投げ込んできたんです」

杉下　豊田に対しても中西に対してもそうでしたが、2ストライク目にフォークを投げて、最後はストレートで三振。天知さんに「今日はこのペースで行くからね」と伝えたら、「よっしゃ！」と言いましたよ。2ストライク目にフォークを放ったのは「何かあったら、このボールを放るぞ。バットに触れっこないんだからな」という、いわば威嚇ですよ。

——このシリーズ、七戦目までもつれこみ、最後は杉下さんが1対0で完封し、日本一を達成しました。

杉下　あの試合、カーブが良くなかったので、禁を破って二回から軽くフォークを投げたんです。力を入れずにスーッと緩くね。

——既に三完投して五試合目の登板でしたから、省エネ投法を試みたわけですね。

杉下　確か九〇球で試合を終わらせているはずです。

魔球伝授①——村山実

——日本野球におけるフォークボールの元祖は杉下さんですが、その後も村山実、村田兆治、野茂英雄、佐々木主浩……とフォークボールを武器とする好投手が次々に現れます。そのほとんどが杉下さんの教え子ですよ。

杉下　今、名前が出たなかで、僕が直接、教えていないのは野茂だけですよ。

——通算二二二勝の村山さんは、いつ教えたのですか。

杉下　彼が関西大の学生の頃です。村山の先輩に谷野祐治というマネジャーがいた。関大を出て報知新聞に入ったんですが、中日が村山を欲しいものだから、親会社の中日新聞社が報知を辞めさせて入社させたんです。その谷野が「村山にフォークを教えてほしい」と言ってきた。

——でも村山さんは、阪神に入りますよね。

杉下　そうなんです。当初、本人は巨人入りを熱望していた。ところが巨人サイドから「村山は肝臓が悪いので獲るのをやめた」という情報が流れてきた。その情報を信じて中日も村山から手を引き、結局、阪神に入ったんです。

――村山さんは手が小さく、フォークを投げるには不向きだったと聞いたことがあります。

杉下　いや、そうでもない。僕より手は大きかったんですよ。ただ、指の関節が硬かった。だから、「指の間を切りたい」などと真顔で言っていましたよ。もちろん僕は「オマエ、そんなバカなことをするんじゃない」とたしなめましたけどね。

――村山さんには、どんなアドバイスを?

杉下　彼には手とり足とり教えましたよ。指の関節が硬くてボールを深く挟めないんだったら、浅く握ればいいじゃないかと。

感心したのは僕が昭和三九年にピッチングコーチとして阪神に入った時のこと。一番良かったのは腕を下げてサイド気味に投げるフォークでした。それで「これだけ、いいフォークを投げられるんだったら、横から放らんか」と言ったんです。すると村山は「お客さんは僕のダイナミックなザトペック投法を見に来てくれている。横から投げたらイメージが台無しですよ。だから苦しくても上から放ります」と返しました。〝こりゃ、プロだ！〟と思いましたね。

――その村山さんも晩年は腕の位置を下げました。

杉下　彼自身、「いよいよ通じなくなったら横から投げます」と言っていました。彼が引退間際に防御率が0点台（一九七〇年、〇・九八で最優秀防御率）の時がありましたね。あの頃は横からフォークを投げていましたよ。

魔球伝授②――村田兆治

――通算二一五勝の村田さんは、どういうきっかけで教え始めたんですか。

杉下　僕が中日新聞の評論家で鹿児島に行った時のことです。そこでキャンプを張っていたロッテの植村義信コーチが、「杉さん、村田が〝フォークを放りたい〟と言っている。教えてくれませんか？」と頼んできた。「いいよ、兆治なら教え甲斐がありそうだな」と僕は二つ返事で引き受けた。その頃は僕も評論家になったばかりで、体がうずうずしていた。

しかし、監督の金田正一は僕が兆治にフォークを教えることを快く思っていなかったようです。植村に対して、「若いピッチャーに、あんなボールを教えて何する気だ」と怒ったらしいですよ。

村田は素質もあったけど、何より努力家だったね。最初は誰でも指でボールを挟むのが大変なんです。それで彼はボールを指に挟んだまま、ひもで縛って寝たというんだから、相当苦労しましたね。

――一九七四年の日本シリーズで中日はロッテに二勝四敗で敗れました。中日は村田さんのフォークに手を焼き、最終第六戦には一〇回完投で胴上げを許しました。

杉下　だから中日サイドには随分にらまれましたよ。なにしろ中日打線は兆治のフォークに手も足も出ず、キリキリ舞いさせられちゃったわけだから。「あんたが村田にフォークなんか教えるからだ」ってね。教えている時は、こんな事態、想像もできなかった。

魔球伝授③――佐々木主浩

――大魔神のニックネームでクローザーとして活躍し、日米通算三八一セーブをあげた佐々木さんにフォークを教えたのは？

杉下　ちょうど大洋の監督が須藤豊の時ですよ。彼に「佐々木にフォークを教えてほしい」と頼まれたんです。でも、佐々木はどうにも覚えられなくて、いろいろと苦労していた。

で、ある日、〝こんちくしょう。もう、どうにでもなれ！〟と開き直って放ったら、えげつない落ち方をしたというんです。「これでやっとフォークのコツがわかりました」と言っていましたよ。

フォークを教えるにあたって、一番難しいのはボールを抜く感覚。これは感覚的なものだから、教えてできるわけじゃない。あとは本人の工夫と努力次第ですよ。

――日米通算二〇一勝の野茂さんは、杉下さんから教わっていません。彼の投げ方は、いわゆるロック式で手首を振りません。これは杉下さんの流儀とは明らかに違います。

杉下　手首を最大限使うのが僕の投げ方です。ご指摘のように野茂は手首を使わない。僕に言わせればチェンジアップ的な投げ方だね。感覚的には上に抜く感じ。スピードよりもコントロールを重視した投げ方だと言えますね。

――田中将大投手の場合はフォークというより、スプリットですね。

杉下　これが現在のメジャーリーグの主流ですね。なぜ外国人がフォークではなく、スプリットを好むかというと、日本人よりも手が大きい半面、指の関節が硬いんです。だからボールを挟むのに一苦労する。まぁ、日本のピッチャーも最初は苦労しますが、村山や兆治に代表されるように、努力や工夫を重ねることで、それを克服していった。でも向こうのピッチャーは、そこまではやらないから生半可なかたちで終わってしまうことが多いんです。

その点、スプリットは浅く挟めばいいわけだから、マスターするのにフォークボールほどの苦労はいらない。完璧に挟んでから抜くフォークとは似て非なるものと言っていいでしょう。

――野茂さんは現役時代、「ストレートの走りがいい時はフォークもよく落ちる」と語っていました。「だから、あくまでもピッチングの基本はストレートだ」と。

杉下　それはそのとおり。僕もストレートの調子がいい時はフォークのキレが良かった。要するに、よく腕が振れているということですよ。逆に疲れが溜まって腕の振りが鈍くなるとストレートは走らないし、フォークも落ちない。そういう時は結果もついてきません。

第二章

カネダ伝説

——四〇〇勝投手とその弟

金田正一――国民栄誉賞をもらわなかった四〇〇勝投手

青田昇、張本勲、川上哲治の証言

プロ野球における唯一の四〇〇勝投手・金田正一が二〇一九年一〇月六日、急性胆管炎による敗血症のため、都内の病院で亡くなった。八六歳だった。

金田は愛知の享栄商高を三年生の夏に中退して、国鉄スワローズ（現東京ヤクルト）に入団、一五シーズンで三五三勝（二六七敗）をあげた。一〇年選手制度を利用して一九六五年に巨人に移籍、五シーズンで四七勝（三一敗）をあげた。六五年といえば川上哲治監督の下、V9がスタートした年である。

身長一八四センチは、当時としては大男である。サウスポーから投じるストレートと落差の大きなカーブを武器に、それこそ赤子の手でもひねるようにバッターをねじ伏せた。

金田の持つNPB記録をざっと並べてみよう。通算四〇〇勝。通算四四九〇奪三振。

通算五五二六回三分の二投球回。通算二九八敗。通算一八〇八与四球。シーズン二〇勝以上＝一四年連続一四度。六四回三分の一連続イニング無失点。最年少二〇〇勝達成。公式戦開幕投手＝一四度（鈴木啓示とタイ）。連続シーズン一〇〇奪三振以上＝一六度。どれもがアンタッチャブルレコードである。

金田のケタ外れぶりは、二人の強打者の証言からも裏付けられる。

「オレが実際に目にした中で一番速かったのは金田や。特に二〇代の頃は速かったな。アイツのボールは手が離れた瞬間にミットに吸い込まれるような感じやった。それにバッターボックスからはボールが手の甲から出てくるように見えたな。それほどスナップがきいていたということやろう。スピードガンでいえば常時一五五〜一五六キロは出とったな。若い頃はコントロールが悪く、真ん中を狙ったボールが適当に散っとったから、ちょっと手が出なかったよ」（青田昇）

「本当に速い球というのは、途中で一回止まって見えるってことが金田さんと対戦してわかりましたね。しかし、止まってからキャッチャーミットに収まるまでがものすごく速い。僕はオールスターで対戦した時、〝次、真っすぐ放るからな〟と教えられて、それでもかすりもしなかった。スピードはおそらく一六〇キロくらいでしょうけど、あの人のは機械では測れない性質のボール。文句なく日本一ですよ。江夏（豊）がよかった時、二球ほど止まるボールを見ましたけど、ちょっと比較にならんでしょうね」（張本勲）

天才が努力をしたから四〇〇勝できた――。生前、そう語ったのが川上である。

「金田については、あれほど猛練習、猛練習の選手はいなかったですね。彼は巨人に入って、勝ち星はそう稼がなかったけれど、練習をしっかりやるということでチームに大きなプラスを与えた。しかし、そんな金田を私は二軍に落としたことがあるんです。どんな大投手でも、腕が痛かったり腰が痛かったり、あるいは不調だったりして自信を失っていたら並みの選手ですからね。過去の実績だけじゃ、この世界は仕事ができない。でも、そのへんは彼もよくわかってくれていた。二軍でも黙々とやってくれましたから」

王貞治の証言

金田から薫陶を受けた選手のひとりに、通算八六八本塁打の王貞治がいる。

「金田さんから教わったのは自分に対する投資ですね。〃野球選手は体が資本〃というのが金田さんの哲学で、キャンプで練習が終わると、〃おい、来いや！〃と金田さんの部屋に呼ばれたんです。そこでは、もう毎日豪華な鍋料理ですよ。いいものを食べないと体ができない。体ができなければ野球もできない。これが金田さんの考え方。給料をたくさんもらっている以上は、自分への投資を惜しむなと。プロとは、どうあるべきか。巨人の選手にそれを教えてくれたのが金田さんでしたね」

弟で金田家の六男、プロで一二八勝をあげた留広も、若い頃、食の大切さを徹底的に叩き込まれたと話している（P56参照）。

金田は一九七三年から七八年、九〇年から九一年にかけて、二度、ロッテの指揮を執った。七四年にはリーグ優勝、日本一を達成している。

七三年から七七年までの五シーズン、ロッテは首都圏や仙台市の球場をホーム代わりに転々としていたため、「ジプシー球団」と揶揄（やゆ）された。

他の球団と比べると移動が多く、とりわけ夏場、選手たちはコンディションを維持するのに苦労した。それをカバーしたのが食事の量だった。

得津高宏の証言

当時の選手、得津高宏が振り返る。

「ロッテの食事は日本一と言われていました。夜はステーキに鍋までついてくるんです。

その他にもたくさん、おかずがある。金田さんは、それを一時間かけてゆっくり食べろ、という。消化のことも考えていたんでしょうね。キャンプに入って、最初のうちは、まだ食べられるんです。体力がありますから。しかし、一週間くらいたつと練習がきつくて、体が受け付けなくなる。それでも僕らは無理して食べていましたよ。そうしているうちに大量の食事が苦にならなくなる。厳しい練習をこなしたうえで夏場を乗り越えられたのは、金田さん流の食事のおかげだと思っています」

いつだったか、金田に「そこまで食事にこだわる理由は?」と訊いたことがある。金田は待ってました、とばかりにこう答えた。

「小さい頃、オフクロから、なぜ(豊臣)秀吉は戦上手だったかを聞かされたんだ。オフクロが言うには〝秀吉は戦場近くの沿道に食料を欠かさなかったからだ〟と。よく、〝腹が減っては戦はできぬ〟というでしょう。あれは秀吉からきている、というんだよ」

真偽の程は定かではない。しかし、金田が目をむいて話し始めると、首肯せざるを得ない迫力があった。

また、金田は自己管理の人でもあった。本人に聞くと、熱帯夜でも長袖のシャツを着て寝たという。ヒジや肩が冷えるのを防ぐためだ。

同じサウスポーの川口和久は広島時代、たまたま入った喫茶店で金田と出くわした。猛暑ということもあって、店内はクーラーでぎんぎんに冷えていた。

半袖姿の川口を見るなり、金田はこう一喝したという。

「ピッチャーが半袖でいるとは何事か！ このバカたれが！ 野球選手は体が資本や。ピッチャーはどんな時でも長袖を着ろ！」

川口は直立不動で、頭を下げるしかなかった。

「はい、わかりました。以後、気を付けます」

国鉄、巨人でつけていた「背番号34」は、金田引退後、どの球団でも期待のサウスポーに与えられるようになった。

代表的な例が川口（広島－巨人）、山本昌（中日）、吉川光夫（北海道日本ハム）らである。

川口は語っていた。

「なんで四〇〇勝もあげた人が国民栄誉賞をもらっていないんだろう。僕はそれが不思議でならない」

プロ野球の世界は国民栄誉賞受賞者を四人輩出している。賞創設のきっかけとなった

王貞治（一九七七年）のほか、衣笠祥雄（八七年）、長嶋茂雄、松井秀喜（二〇一三年）――。

国民栄誉賞の授与基準の一つに〈顕著な業績があったもの〉という文言がある。四〇〇勝は並外れた「顕著な業績」だ。川口が指摘するように、不思議と言えば不思議である。

金田留広――カーブに生きたもう一人のカネダ

名手直伝のカーブ

四〇〇勝投手・金田正一の弟・留広はカーブの名手として知られた。二度（一九七二年、七四年）も最多勝を獲れたのはカーブのおかげである。

近年はスライダーやフォークボールに加え、カットボールやツーシーム、スプリットといった新時代の変化球が幅を利かせている。

カーブは〝昭和の変化球〟なのか。名手に聞いた。

――留広さんのパラシュートみたいに落ちてくるカーブは誰に教わったんですか。

金田　最初に教わったのはアニキ（正一）。カーブはひねったらダメなんです。親指と人差し指の間から「抜け！」と言われた。幸い僕はヒジの関節がものすごくやわらかかったので、すぐにマスターすることができました。

――カーブには手首をひねるイメージがありますが……。

金田　僕の場合は、上に（ボールを）放り投げる感じ。体にバネがあったから、グァーッと（体ごと腕を）持ち上げることができた。（腕が）頂点に達した段階でダーンと抜く。そうすると緩いカーブがフワーッと舞い降りてきて、そこからブレーキがかかったようにストーンと落ちるんです。

――失礼ながら留広さんは、それほど速いボールを投げるピッチャーではなかった。それでいて結構な数の三振をとっています。東映での一年目は二〇六イニングで一五八。二年目は三一六・一イニングで二四六、三年目は二六八イニングで一八七、四年目は二七五イニングで一七八……。ウイニングショットは、ほとんどカーブでした。

金田　僕のカーブは途中まで真っすぐと同じ軌道できて、そこから一度、浮き上がる。

ポーンと浮いた瞬間にバッターは目を切ってしまうんです。だから対応できない。ロッテの有藤通世なんてキリキリ舞いしていましたよ。

——カーブを磨く上で、他に役立ったアドバイスは？

金田　日本通運浦和時代の古谷法夫さんというピッチングコーチの教えです。アニキの国鉄時代の先輩です。この二人の教えによって僕のカーブは完成したと思っています。古谷さんからは「カーブは横に曲げちゃダメだ。真っすぐ直角に落とせ」と言われました。

——留広さんと同世代のカーブの名手としては巨人の堀内恒夫さんがいます。堀内さんのそれは、かつてドロップと呼ばれていました。

金田　そうですね。僕のカーブがフワーッときて、そこからパンと落ちるのに対し、堀内のは最初からパン、パンと落ちた。フワーッの部分がなかった。

当時、ロッテの得津高宏が、「留広さんのカーブは一度、（視線が）上に向く。すると下に落ちてくる」と言っていました。こういうカーブを投げたのは僕だけだと思います。

——最近、留広さんに近いカーブを投げるピッチャーはいますか。

金田　近いのは西武の岸孝之でしょうね。（日本シリーズで）巨人のバッターをキリキリ舞いさせた。ああいうカーブを投げるピッチャーがセ・リーグにはいなかったからだと思います。

――金田さんは一九八七年から二年間、ロッテの二軍投手コーチを務めました。その時に指導したのが未完の大器・伊良部秀輝でした。

金田　その頃の伊良部は速いボールにこだわるあまり、どのボールも力いっぱい投げようとしていました。力が入り過ぎるとストレートも伸びないんです。

それでカーブを覚えればストレートも良くなると思い、カーブを教えました。二軍監督には「今日は一〇〇球中、七〇球はカーブを投げさせます」といって二軍戦のマウンドに上げました。

伊良部は身体能力が抜群なことに加え、器用で（腕の使い方が）やわらかいんです。だから、すぐに覚えました。それからですよ、一軍で勝てるようになったのは……。

投げ分けた四種類のカーブ

――留広さん自身に話を戻すと、一年目一八勝（一三敗）、二年目二四勝（一六敗）、三年目一五勝（一四敗）、四年目二〇勝（一二敗）と四年連続で一五勝以上をあげています。

これはドラフト制導入後では最高の記録だそうですね。

金田　そうなんです。デビューから四年連続で一五勝以上あげたピッチャーは僕と野茂英雄しかいない。アニキも一年目は八勝でしたから。

――留広さんは四〇〇勝投手の正一さんに加え、〝神様〟と称された稲尾和久さんにもピッチングを教わったことがあるとか。

金田　やっぱり、〝あの金田正一の弟〟ということで興味があったんでしょうね。こんなアドバイスをいただきました。「オマエは真っすぐはたいしたことないけどカーブがいい。カーブの球種を増やせ！」と。

――カーブの球種ですか。

金田　そう。稲尾さんが言うには「三振をとるカーブは最後までとっておけ」と。そのアドバイスを受けて、カウントをとる緩いカーブ、横から放るチェンジアップのようなカーブ、速いカーブ、そして先ほど説明したフワーッと舞い上がってパンと落ちる三振をとるカーブと、四種類を使い分けるようになったんです。

もうひとり、僕には師匠がいます。フォークボールの名手の村山実さんです。ほら、昔のトイレって、ヒモがブラ下がっていたでしょう。あれを引いて流す。村山さんは「留ちゃん、あれがフォークボールの基本だよ」と言うんです。

――トイレのヒモですか。

金田　村山さんが言うには、「絶対に手首を返しちゃいけない」と。ヒモを引っ張るように、そのままガーッと抜くというんです。

実はこれ、カーブを投げる要領と一緒なんですよね。カーブもフォークも手首をひねっちゃダメ。そのまま抜くんです。小山正明さんからも教わったことがあります。

――兄の正一さん、稲尾さん、村山さんときて、今度は三二〇勝投手の小山さんですか。さながら球界の名人劇場ですね。

金田　東映時代、調子の悪い時期があった。その時、ロッテにいた小山さんから「オマエは調子が悪いと思うんやったら、足を二センチ上げろ！」とアドバイスを受けたんです。

――二センチですか？

金田　そう、二センチ。でも、本当は四センチでも五センチでもいい。ピッチャーは調子が悪くなると、足の上がりが若干、低くなるんです。すると体が突っ込んでくる。これを防ぐために足を上げるんです。

とはいえ、調子が悪い時に、そう簡単に足は上がらない。そこで小山さんは言うんです。「留広、ただ（足を）上げるだけじゃダメだ。ヒザから上げるんだ。するとスムーズに上がるから」と。実際、言われたとおりにするとスーッとスムーズに上がりました。それから連勝が始まったんです。

――では真打ちの正一さんからは、どんなアドバイスを？

金田　これも調子の悪い時の話です。ピッチャーは球が走らないからインパクトを強く叩きたい。指先に力を込めたいんです。でも、アニキに言わせれば「それはピッチャーの錯覚や」と。「むしろテイクバックを大きくとって投げた方がいい」と言うんですね。

確かにアニキのフォームはテイクバックが大きい。それを参考にして僕も一度、（テイクバックを）三センチ後ろに大きくとるようにしたら、調子が戻ってきて六、七連勝した記憶があります。

――やはり名人のアドバイスは違いますね。

金田　アニキにはこうも教わりました。「背中で投げろ」と。いいピッチャーって、投げた後、手が土につくくらい前に持ってくるでしょう。ピッチングはグワァーッと背中から前に持ってこなくちゃ……。

東映とロッテ――伝説の猛者たち

――プロ野球の世界で「金田兄弟」の名前は響き渡っています。長男の正一さんは通算四〇〇勝、末っ子の留広さんは通算一二八勝です。他にもプロ野球界に身を投じた方がいますよね。

金田　ウチは一〇人兄弟で、そのうち男が六人。プロには僕と正一以外に、高義と星雄（ともに国鉄）。計四人が入りました。

――正一さんとは何歳、齢が離れているのですか？

金田　一三歳です。アニキ（正一）は僕が三歳の時に国鉄に入ったんです。覚えているのは僕が高校（愛知高）の一、二年の時かな。グラウンドにきて僕のピッチングを見るなり、「よし、わかった。とにかく、たくさんものを食べて、野球をやれ！」とアドバイスしてくれました。そして食費にと毎月一万円の小遣いをもらいました。あの頃の一万円といえば、大変な額です。

――正一さんと言えば、とにかく「食べろ、食べろ」の人でした。本人から、直接、こんな話を伺いました。

「プロ野球選手は最高級のものを食べなければいけない。体を資本にしている者が、一般の人と同じものを食べていちゃダメ。大金をもらっているのなら、もっと自分の体に投資しなければならない」

金田　特にアニキが薦めたのが鍋料理ですね。鍋には肉、魚、野菜……と全部入っているから栄養のバランスがいいんです。ウチのオフクロがサムゲタンをよくつくっていたものだから、それを元にした料理でしたよ。それからニンジンを煎じたジュースもよく飲まされました。これは大学に入ってからですが、毎日、どんぶり鉢いっぱい分、飲まされましたね。苦くてマズいんだけど、夏場の疲労回復には最高でした。

凄かったのは森安と三井

――話を戻しますが、甲子園への出場は？

金田　当時は中京商（現中京大中京）や東邦が強くて行けませんでした。ベスト4が最高のはずです。

――愛知学院大から日通浦和を経て一九六九年に東映に入団します。監督と投手コーチはどなたでしたか？

金田　監督は元阪神の松木謙治郎さんです。そして投手コーチは二〇一三年に亡くなった土橋正幸さんでした。印象に残っているのは土橋さん。だって、何も教えてくれないんだから。「オマエよぉ、キャッチャーからボールが返ってきたら、すぐにピャッと投げるんだよ。打たれたってしょうがねえんだ」。そんな教えでした（笑）。

——いかにも〝江戸っ子〟を売りにした土橋さんらしいエピソードですね。

金田　こちらが何か言おうものなら「そんな細かいこと関係ねえよ」ですから。ただ、土橋さんのおかげでピッチングのテンポだけはよくなった。「バッターもな、（ピッチャーの投げる）テンポが速けりゃ、考えるヒマなんてねえんだよ」が口ぐせでした。

——その頃の東映といえば、張本勲さん、大杉勝男さん、白仁天さんら個性派集団ですよね。

金田　大下剛史さん、毒島章一さんらもいた。首位打者に打点王、ホームラン王、そして最多勝候補もいながら、なぜかBクラス。そんなチームでした。

——その頃のエースは？

金田　高橋善正と森安敏明かな。

——二人とも横手投げですね。

金田　そうですね。特に速かったのが森安。スリークォーター気味なんだけど、地を這うようなボールがウワーンとうなりを生じて伸びていった。速さだけなら、今まで見た中で一番でしょう。

――あの江夏豊さんが語っています。「右では間違いなく安べえ（森安）が一番速かった」と。ゆうに一五〇キロは超えていたでしょう。

金田　一五〇キロ？　そんなもんじゃない。一六〇キロ出していましたよ。右バッターの頭に当たったら死ぬな、と思いましたもの。

――当時、ロッテにいた山崎裕之さんは「猛禽（もうきん）のようなボール」と表現していました。

金田　アイツが本気で投げ始めたら、キャッチャーが中腰の構えになった。それだけボールが伸びていたということでしょう。途中で不幸なこと（一九七〇年に黒い霧事件で永久追放）になったけど、アイツがまじめに野球をやっていたら、二〇〇勝どころじゃなかったと思いますよ。

――金田さん自身の話に戻しますが、最初のうちはタイトルに恵まれませんでした。一年目、一八勝（一三敗）をあげながら新人王はロッテの有藤通世さんに持っていかれた。二年目には二四勝（一六敗）もしながら、最多勝は二五勝（八敗）をあげたロッテの成田文男さんでした。

金田 昔は、三〇〇イニング前後投げていたからね。二年目のイニング数はどうですか？ 僕は三一六回三分の一も投げている。二日酔いで投げたら完封しちゃった、なんて話はもうザラでしたよ。

――四年目に二〇勝（一二敗）で最多勝。正一さんが監督に就任したロッテにトレードされたのは（チームの親会社が日本ハムに変わった）一九七四年です。野村収さんとの一対一のトレードでした。

金田 アニキ（正一）が言うには野村とのトレードじゃ条件が合わないというので、ロッテ側は日本ハムに数千万円を支払ったそうです。そうした背景があったものだから、アニキには「高いカネ払ったんだから頑張らんといかんぞ」とよく発破をかけられました。それがよかったのか、あの年は九連勝を含む一六勝（七敗）をあげることができた。リーグ優勝と日本一に貢献できてホッとしたことを覚えています。

――それにしても、あの頃のロッテの投手陣はすごかった。金田、成田、木樽正明、村田兆治、そして抑えの三井雅晴……。私見ですがカーブなら金田さん、スライダーなら成田さん、シュートなら木樽さん、フォークボールなら村田さん、ストレートなら三井さんと、日本球界で一番いいボールを投げるピッチャーが、全てロッテに揃っているという印象でした。

金田 それは絶対に言えますね。今、二宮さんに言われて初めて気付いた……。その中でも、「コイツはスゴイ!」と思ったのが三井だね。まぁ、ものすごいボールを投げていましたよ。その頃、セ・リーグでは中日の鈴木孝政が一番速いと言われていたけど、実際に日本シリーズで(鈴木のボールを)見たら、もうモノが違っていましたね。加えてカーブもよかった。アイツが故障しなかったら、二連覇、三連覇していたでしょう。

――ロッテでは野村克也さんともバッテリーを組みましたよね。

金田 組みました。あれは阪急戦でのこと。「阪急にはインコース攻めや。バンバン内角を攻めて、最後はオマエのカーブで打ち取ろう」と言うんです。「わかりました。じゃあ、今日は思い切ってインコースを突きます」と。ところがプレーボールの声がかかると、全部スライダーとカーブ。一球もインコースには要求してこないんです。もう、言ってることとやってることが全然、違う(笑)。でも、あれも野村流なんでしょうね。

――アハハハ。その頃、パ・リーグで最もやり甲斐があるバッターは誰でしたか?

金田 対戦して一番おもしろかったのは近鉄時代の土井正博さんですね。僕も負けん気の強い方だから、あの人に打たれると、また向かっていく。それで、また打たれる（笑）。だから被本塁打は、ものすごく多いはずですよ。

もうひとりあげるとすれば阪急の長池徳二さん。あの人はインコースに滅法強く、「四回ピッチャーと対戦すれば、必ず一球はシュート回転の甘いボールが来る。オレはそれを狙うんだ」と語っていましたよ。実際そのとおりで、インコースに甘いボールがいくと、確実に餌食にされました。

土井さんにしろ長池さんにしろ、当時のパ・リーグはフルスイング勝負の豪快なバッターが多かったですよ。

——一九七八年オフ、兄の正一さんの監督辞任に伴い、トレードでロッテから広島に移籍しました。翌年、留広さんは四勝（一敗）ながら、ローテーションの谷間で活躍し、四年ぶり二度目のリーグ優勝、球団初の日本一に貢献しました。

金田　古葉竹識監督に言われましたよ。「留広の一勝は一〇勝分の価値がある」と。これはうれしかった。

——ところで広島にトレードになった理由は？

金田　兄が監督を辞任して、僕がロッテに残れないことは、もうわかっていました。実は巨人に移籍することが決まっていたんです。

――当時の巨人の監督は長嶋茂雄さんです。

金田　そうです。兄に呼び出されて「今、シゲ（長嶋）と話をつけた。トメ、ジャイアンツでできるか？」と。僕は二つ返事で答えましたよ。「行きます。ジャイアンツなら命がけでやります」と。

その一週間後ですよ。江川卓の〝空白の一日〟騒動が起きた。巨人は江川と契約し、連盟に却下されたことでドラフトをボイコットした。

そんなことがあったものだから、待てど暮らせど巨人から連絡がない。こっちは〝アニキが長嶋さんと話をつけてくれたはずなのに、どうなってるんや……〟と気が気じゃない。

そこへ電話をくれたのが古葉さんです。「今日、時間あるか。松田耕平オーナーが東京にいるから会ってくれ」と。指定されたのが六本木のステーキハウスでした。

そこでオーナーに、はっきり言われました。「広島に来てチームを日本一にしてくれ」と。僕は「わかりました」と言った後、「その代わりに」と二つ条件を出した。ひとつはロッテで一緒だったメリーちゃん（渡辺秀武）を獲ってください、と。メリーちゃんは〝金田一派〟でしたから。

――渡辺さんといえば、巨人時代にはノーヒットノーランを達成したこともあるアンダースロー投手です。気が優しいことで「メリーちゃん」と呼ばれていました。広島には4年間在籍しました。で、二つ目の条件は？

金田　ついでに甥っ子の金石昭人も獲ってくださいと……。

――彼はＰＬ学園時代は控え投手でしたよね。

金田　そうです。その席にスカウトの木庭教さんもいたものだから、松田オーナーが聞いていましたよ。「どうや、木庭？」って。木庭さんが「身長が一九〇（センチ）以上あり、将来はいいかもしれない」と褒めてくれた。それで、めでたく甥っ子も獲ってもらえることになったんです。

――広島は留広さんの条件を二つとも飲んだわけですね。

金田　僕も少し心配になって、「オーナー、いいんですか？　カープは金田ファミリーでいっぱいになりますよ」と確認したら、「おお、金田ファミリーでカープを日本一にしてくれ」と逆に励ましてもらいました。それで僕も意気に感じたわけですよ。

――広島は一九七五年に球団創設初優勝を果たしましたが、それからは優勝から遠ざかっていました。当時の広島はどんな状況でしたか。

金田　僕はひとつ自負していることがあって、カープの練習を根本から変えたんです。

――と言いますと？

金田　当時のカープは練習時間は長いけど、ただダラダラやっていた。たとえばピッチャーのランニングでは一〇〇メートルを五〇本、五〇メートルを何十本といった具合に、ハードな割にメリハリがないんです。

そこで投手コーチだった大石清さんと龍憲一さんに、「こんなもん、走れません。オレに任せてください」と直談判して、僕が練習メニューをつくった。

ランニングでは三〇分から四〇分は集中して走るかわりに、時間がきたらピタッとやめる。こうしないと効率が上がらないんです。よく、アニキの練習法を揶揄して、「金田は〝走れ、走れ〟だけ」と言う人がいたけど、兄はダラダラとは走らせなかった。ロッテ時代の練習は外野のポールからポールの間をヨーイドンで走らせる。短距離選手のようにダーッと全力でやらせる。

そりゃ、一〇〇メートルを五〇本も走らせたら、誰だってしんどいから手を抜きますよ。しかし、これはピッチングにおいてもマイナス以外の何物でもない。最後に手を抜くことを覚えると、ピッチングでも七、八、九回に踏ん張りがきかなくなってしまうんです。

僕が広島に入った頃、将来のエース候補として期待されていたのが山根和夫、北別府学、大野豊といった面々。僕が広島に来る前はダラダラ走っていたそうです。それを改め、先に言ったような中身に変えた。それからですよ、彼らが伸びてきたのは……。

——一九七九年の日本シリーズの相手は近鉄でした。三勝三敗で迎えた第七戦の最終回、例の〝江夏の二一球〟のドラマがありました。この時、留広さんは？

金田　江夏が羽田耕一にヒットを打たれ、エラーなども重なって無死二、三塁となったところでカープは満塁策をとった。ここで僕とメリーちゃんは古葉さんの指示でブルペンに走った。

するとは江夏はマウンドから、ずっと僕をにらみつけている。「オレの後にリリーフするヤツがおるのか？」と言いたかったんでしょう。彼は人一倍、プライドの高い男ですから。

——ファーストから衣笠祥雄さんが駆け付け、江夏さんに「オマエがやめるんなら、オレも一緒にやめてやる」と言ったそうですね。それで怒りが鎮まったと……。

金田　僕は衣笠と同学年で仲が良かったから、江夏もオレのことを信頼してくれた。だから、あの太った体で、よく僕とも一緒に走りましたよ。体のキレが戻ってきた背景には、そういうこともあったかもしれない。

――翌八〇年も留広さんは四勝（三敗）をあげ、広島は日本一連覇を達成しました。ロッテ時代も含めて計三度の日本一ですから、悪くない野球人生ですよね。

金田　今思えば、そうですよね。あれはカープに移籍したばかりの頃かな。あるインタビューで「カープはピッチャーが頑張れば絶対に優勝できる」と答えた。すると古葉さんから金一封をもらいました。確か四、五万円入っていたのかな。あの人、気前がいいんですよ。そういう監督だと選手は頑張ろうという気になります（笑）。

――他に思い出は？

金田　実は王（貞治）さんに記念すべき八五〇号ホームランを献上したのは僕なんです。打たれた後、「私は日本一のカーブを投げるピッチャーだと自負しています。王さんは日本一のカーブを打ったんだから素晴らしい」とコメントしたら、後でアニキに「よう言うた」と褒められましたよ（笑）。

――留広さんも六八歳（二〇一四年取材時）です。山本浩二さんや衣笠さんらと同学年ですね。もし再び投手コーチをする機会があれば誰を教えたいですか。

金田 やはり大谷翔平（当時、北海道日本ハム）を教えてみたいね。球団が僕に1カ月、彼を預けてくれたら、それこそ日本一のカーブを伝授しますよ。

――最速一六二キロのストレートに金田流カーブがあれば〝鬼に金棒〟だと？

金田 ピッチングで一番難しいのは、全力で緩いカーブを放ること。スピードボールの後で緩いカーブを放ったら、誰も対応できない。メジャーリーガーでいったら、ヤンキースにもいたマイク・ムシーナがそれをやっていた。もし大谷が、このコツを覚えたら、それこそ世界一のピッチャーになりますよ。

最近のピッチャーは低めにフォークボールやスプリットばかり投げようとする。だから、次第に見極められるようになって長持ちしないんです。バッターに目の錯覚を生じさせるには緩急を使うしかない。それには緩いカーブが一番いいんです。

第三章

証言　巨人V9

——不滅の連覇の舞台裏

城之内邦雄――エースのジョーが語るV9前期

ルーキーで開幕投手

城之内邦雄はV9初期の巨人を代表する名投手である。V9がスタートした一九六五年には二一勝（一二敗）、六六年には二一勝（八敗）、六七年には一七勝（八敗）をあげるなど大活躍し、ローテーションの中心を担った。

ニックネームは「エースのジョー」。当時、銀幕のスターだった宍戸錠の愛称にあやかったものだ。

サイドスローからのくせ球を最大の武器にした。投げると帽子がクルッと反対方向を向いた。その仕草が様になっていた。一九四〇年二月生まれの81歳、ニヒルな面差しは昔のままだ。

――城之内さんは一九六一年秋の入団ですね。

城之内　昔は社会人野球の選手は産業別（日本産業別対抗野球）が終わってから入る人

と都市対抗が終わって入る人の二つのパターンがありました。僕は産業別が終わってから入団しました。

――日本ビールの出身ですよね。

城之内　僕の高校（佐原一高）時代の先輩に北川芳男さんという人がいた。国鉄や巨人で活躍したピッチャーです。一九五九年には一八勝（二〇敗）をあげています。この北川さんから誘われたのがきっかけです。

――城之内さんは社会人野球で評判のピッチャーだったから、いろいろな球団から誘いがあったでしょう。

城之内　一番最初にスカウトが来たのが大洋です。監督は三原脩さんでした。一番上の兄貴は「最初に誘われた大洋に行け」と言いましたよ。次に来たのが南海。監督は鶴岡一人さんです。

――日本球界を代表する二人の名将に誘われたというのは凄いことですね。それを振り切って巨人に入ったのは？

城之内　やはり巨人が好きだったからでしょうね。それに千葉県出身の長嶋茂雄さんもいた。長嶋さんに対する憧れは昔から強いものがありました。

――同期入団には、どういう選手がいましたか？

城之内　ピッチャーでは柴田勲（法政二高）、宮田征典（日本大）、種部儀康（米子鉄道管理局）、田中耕一郎（日向学院高）、松下健次（大濠高）、七森由康（大阪西高）などがいました。知名度では甲子園の優勝投手の柴田がナンバーワンでしたが、キャンプで見たら球は軽いし、〝これなら勝てる〟と思いました。

――当時の巨人の主力級は？

城之内　エースが一九六一年に一七勝（一〇敗）をあげた中村稔さん。続いて伊藤芳明さんが一三勝（六敗）、堀本律雄さんが一一勝（一二敗）、山崎正之さんが九勝（五敗）、藤田元司さんが八勝（一三敗）。藤田さんは、もう晩年でしたね。

――城之内さんは新人ながら開幕投手を務めました。

城之内　ピッチングコーチの別所毅彦さんが「キャンプで一番いいのがオープン戦の初っ端、オープン戦で一番いいのが開幕戦」と言っていたんです。僕はオープン戦で四勝（〇敗）をあげ、ほとんど打たれなかった。それが認められたんだと思います。

必殺のシュートを生んだ縄跳び

――この年、城之内さんは五六試合に登板し二四勝（一二敗）をあげ、新人王に輝きます。ウイニングショットのシュートは、ほとんど打たれなかったと聞きます。

城之内　確かに、ほとんど打たれなかったね。だって曲がって落ちるんだから。僕のはシュートといってもフォークとのミックスです。

――ちょっと握りを見せてもらってもいいですか？

城之内　人差し指と中指でボールの縫い目に沿って握り、フォークのように抜く。といってもフォークのように深くははさまない。浅い握りですね。

――今でいうスプリットフィンガーですね。これだとスピードも出るから、バッターはストレートとカン違いするでしょうね。

城之内　そうそう、バッターは真っすぐだと思って打ちにくる。だから、バットをよくへし折りましたよ。キャッチャーは森祇晶（まさあき）さん。本人がいいと言うものだから、真っすぐのサインでもシュートをかけて、よく落としていました。

――シュートを投げる際のコツは？

城之内　ボールを長く持たないとダメ。早く離さないことです。

——それには相当な手首の強さが求められるのでは？

城之内　縄跳びで鍛えたんですよ。

——縄跳び？

城之内　僕らの時代は小学生の頃から縄跳びをやっていました。大きく回すと、腹筋や背筋が強くなる。地面を蹴るため足首の力も強くなりました。

——それをどれくらいやるんですか？

城之内　最低でも一日三〇分から四〇分はやっていましたよ。高校に入ってからも、練習後、家に帰ってからやっていた。この縄跳びのおかげで、僕はシュートを投げられるようになったんです。

——それは、どういう意味ですか？

城之内　これは後で気が付いたんですけど、縄跳びの縄の回し方とシュートを投げる要領は同じなんです。縄を回す時に、ちょっと手首を引くでしょう。あれがシュートを投げるコツなんです。

——縄跳びはプロに入ってからも続けたんですか。

城之内　雨が降ると室内でよくやっていました。大きく跳んだり小さく跳んだり、速く跳んだり遅く跳んだり。二重跳びや三重跳びもやりました。

――その他には、どういうトレーニングを?

城之内　ハンドグリップもよくやりました。高校時代、学校の行き帰りには、必ずこれを握っていました。僕は一分間に一〇〇回やりましたよ。合計で一日四〇〇〇回。これによって握力とヒジから下の部分が強くなった。

――これもシュートに役立ったと?

城之内　いや、これはカーブですね。僕は社会人野球の三年目くらいまでは、カーブの方がよかったんです。タテにもヨコにもよく曲がった。ところが四年目の春の静岡大会でピッチャーライナーを右手の中指に受け、五針くらい縫ったんです。僕の感覚でいうとシュートを投げる際に一番大事なのは人差し指、カーブは中指なんです。ところがケガをしたことで中指の力が弱くなり、カーブが曲がらなくなってしまった。それに反比例するように人差し指の力が強くなり、シュートが曲がり落ちるようになったんです。

――では伝家の宝刀のシュートをマスターしたのは、社会人の四年目からですか?

城之内　そういうことです。カーブの切れが悪くなったことで、その代用として覚えたボールなんです。

――縄跳びとかハンドグリップとか、身近な用具や器具で変化球は磨かれるものなんですね。

城之内　いや、それだけじゃありません。僕らが子供の頃はベーゴマやメンコもよくやりました。あれもピッチングには随分、役立ちましたよ。

――ベーゴマやメンコもですか？

城之内　まずベーゴマですが、あれは引く力が強くないとうまくいかないんです。それには手首をやわらかく使わないといけない。僕はベーゴマを狙ったところにピタッと置くことができた。これはカーブの投げ方と同じなんです。

　僕らが子供の頃、ベーゴマには川上哲治さんや大下弘さんの顔が描かれていた。枠から出されたら負けで、相手に取り上げられる。値段にすると、わずか一円か二円ですが、子供にとっては大金ですよ。だから遊びとはいっても、必死にやったもんです。

――メンコにはどんな効能があったのでしょう？

城之内　あれは、相手のメンコの下を通過させなければいけない。必然的に腕がパンと伸びるんです。これもピッチングには必要な動きだったと思いますね。

Ｖ９最大の功労者と陰の功労者

――Ｖ９の最大の原動力は何だと考えますか？

城之内　それは、やはりＯＮ（王貞治と長嶋茂雄）がいたからでしょう。ピッチャーというのは、打たれるとまわりが見えなくなっちゃうものなんです。そういう時、必ず王さん、長嶋さんはマウンドにきてアドバイスをしてくれた。このおかげで冷静になり、相手のペースにはまらないですんだと思っています。

――ＯＮは練習の時からチームの先頭に立っていたそうですね。

城之内　僕が思うに、一二球団で一番よくバットを振ったのが王さん、二番目が長嶋さんだったんじゃないかな。王さんなんて荒川博さんの家でバットを振り、試合後、また荒川さんの家に戻ってバットを振っていた。すごいとしか言いようがない……。

――ランニング量も一二球団の中で巨人が一番だったと聞いたことがあります。

城之内　僕はＶ９の陰の功労者として川上（哲治）さんがトレーニングコーチに招いた鈴木章介さんをあげたいと思います。鈴木さんは一九六四年東京オリンピックの十種競技に出ただけあって指導ぶりが理路整然としていた。

当時の巨人の選手はキャッチャーの森（祇晶。当時の名前は昌彦）さんを除いて皆、足が速かった。柴田勲、黒江透修、高田繁、土井正三だけじゃなく、王さんや長嶋さんも速かった。キャンプで鈴木さんは、よく徒競走をやらせていました。

一九六五年に鈴木さんがくるまで、調子が悪くなると王さん、長嶋さんはよく打ち込んでいた。鈴木さんがきてからは、打撃練習の前にしっかり走り込むようになった。もう、体からボンボン湯気が出るくらい汗をかいているんです。あの走り込みがよかったんでしょうね。王さんが三冠王を獲ったのはその後ですから。

――ランニングと言えば、一九六五年に国鉄から移籍してきた金田正一さんの練習量もすごかったと聞きます。

城之内　いや、練習量だけだと僕たちの方が走っていましたよ。ただ金田さんは中距離や長距離をよく走っていた。僕らは短距離専門でしたけど……。

――野球選手にとって大切なのは短距離でしょうか？　それとも中距離や長距離？

城之内　これは自分の得意なのをやるのがいいと思います。短距離が得意な人は短距離、中距離が得意な人は中距離、長距離が得意な人は長距離。金田さんは中距離や長距離の方が得意だったんでしょう。要するに金田さんの持論は「足に力がないといいボールが放れない」というもの。あくまでも足に力を付けるのが目的だから、距離には、それほどこだわりがなかったように思いますね。

エース交代

――城之内さん自身に話を戻しましょう。Ｖ９の前半を支えた（一九六五年二一勝、六六年二一勝、六七年一七勝、六八年一一勝）城之内さんですが、六九年以降は一ケタしか勝つことができず、七一年のオフに任意引退となります。下降線を描いた原因は？

城之内　プロに入って七年目（六八年）に腰を痛めたんです。原因は投げ過ぎでしょうね。僕は腰を使って投げるピッチャーだったので、普通の人よりも腰にかかる負担が大きかった。そりゃ中三日で放れば誰だって壊れますよ。

――城之内さんはプレートのどちら側を踏んでいたんですか？

城之内　三塁側です。

――スリークォーターからグルッと腰を回転させる独特のフォームですから、バッターには威圧感があったでしょうね。

城之内　それはあったでしょう。人によっては「城之内のボールはどこに行くかわからないから怖い」とも言われましたけど、こう見えても僕は無四球試合が多いんです。完封数に至っては、後に巨人のエースとなる堀内恒夫と変わらないはずです。

――調べてみましょう。城之内さんが三六で堀内さんが三七。確かにあまり変わりませんね。堀内さんが通算二〇三勝で城之内さんが一四一勝ですから、城之内さんの完封勝ちの割合は勝利数の四分の一以上に達します。

城之内　堀内について言えば、彼は天才でしたね。とりたてて体が大きいわけでもなければ足が速いわけでもない。しかし、何をやらせてもうまいんです。ボールは速いし、いいカーブを投げる。フィールディングも牽制もチームで一番でしたね。おまけにバッティングもよかった。

――城之内さんが一一勝に終わった一九六八年、堀内さんは一七勝をあげます。このあたりでエース交代の印象を受けました。

城之内　その二年後の七〇年かな。この年は腰が治って復調の兆しが見え始めたんです。ところがノックアウトされた後、風呂に入ってそのまま帰っちゃったことがあった。それから川上さんに干され始めたんです。翌年、春のキャンプはベロビーチ（米フロリダ州）で行ったんですが、川上さんに「オマエは連れて行かない」と言われて、僕は二軍キャンプ地の都城に行かされました。

――V９初期の功労者に対して、かなり厳しい仕打ちですね。

城之内　川上さんは、もう僕を使う気はなかったみたいですね。それならヨソにトレードに出してもらいたかった。そんなことを言ったら「オマエは獲り手があるからダメだ」と。それで任意引退になったんです。

――川上さんからは「ご苦労さん」の一言もなかったそうですね。

城之内　あれは寂しかったですね。

――現役時代、城之内さんはいろいろな記録をつくっています。一九六八年五月には大洋相手にノーヒットノーランを達成しました。

城之内　実はあの試合、六回あたりで「藤田（元司）に代わってくれ」と監督に言われたんです。大差がついていましたからね。しかしノーヒットノーランなんて、そうそうできるもんじゃない。それで川上さんに「せめてヒットを打たれるまでは投げさせてください」と頼んだんです。結局、あの試合は16対0で巨人が勝った。ワンサイドゲームだったので、それほどの感激はなかったですね。

――一九六九年一〇月、金田さんが四〇〇勝を達成しますが、このお膳立てをしたのも城之内さんでした。

城之内　あの年は優勝が早めに決まっていて、チーム内に「金田さんに四〇〇勝を」という空気があった。川上さんの指示は「前半に放ったピッチャーは、勝っていれば全部金田に譲れ」というものでした。先発の僕は3対1とリードしたまま四回でマウンドを降りた。相手は中日です。そのままバトンを受け継いだ金田さんが後を抑え、四〇〇勝ですよ。

——一勝、損しましたね。

城之内　いや、一勝なんて大したことないですよ。それを言うなら僕は六三年に一七勝、六四年に一八勝をあげているけど、優勝が決まってからは、ほとんど投げていない。一カ月もあれば二つか三つは勝てる。そうすれば二〇勝に届いていたんでしょうけど……。

——どういう理由だったんでしょう？

城之内　川上さんは「日本シリーズに備えるため」と言っていましたね。六三年は伊藤芳明さんも一九勝で終わっています。その後も投げていれば二〇勝できていましたよ。

——ところで現在はどのチームにも〝投手会〟があるように、野手に比べてピッチャーは仲がいいと言われています。当時の巨人投手陣はどうだったのでしょうか？

城之内　仲がいいか悪いかと聞かれれば、よくはなかった。皆で一緒に飲んだ記憶なんてほとんどない。それどころか話もしなかった。

――ピッチャーには孤高性が必要だと？

城之内　そもそもバッターはピッチャーのボールに合わせなければいけない。だけどピッチャーがバッターに合わせて投げていたら、全部打たれてしまいますよ。そこが野手との一番の違いかな。人と違うことをやらないと生きていけないのがピッチャーですから……。

柴田勲――Ｖ９の秘密と苦悩を語る

投手失格を告げられた甲子園連覇の優勝投手

巨人のＶ９がスタートしたのが一九六五年だから、今からもう五六年も前のことだ。〝赤い手袋〟をトレードマークに、リードオフマンとしてチームを牽引したのが柴田勲である。

法政二高のエースとして甲子園の夏春連覇（一九六〇年と六一年）に貢献した柴田は六二年、鳴り物入りで巨人に入団した。しかし、ピッチャーとしては、わずか六試合に登板したのみ。〇勝二敗、防御率九・八二という惨憺（さんたん）たる成績が残っている。

すぐさま野手に転向し、戦後初のスイッチヒッターとして成功を収めた柴田は、V9戦士の中でもONに次ぐ人気を誇った。通算五七九盗塁は、引退してから三四年たった今もセ・リーグの最多記録である。

――柴田さんは元々、巨人ファンだったんですか？

柴田　そうですね。川上哲治さん、青田昇さん、千葉茂さん、与那嶺要さん、南村侑広（不可止）さん、それからハワイからやってきたエンディ宮本（敏雄）さん……。横浜生まれの僕は近くにゲーリック球場（横浜公園平和野球場）があったものですから、ときどきオヤジや兄に連れていってもらいました。ただ、巨人は、ほとんどこなかったですね。

――聞くところによると、柴田さんは、あのビクトル・スタルヒンも生で見ているそうですね。

柴田　ええ、ゲーリック球場で見ました。僕がまだ小学生の時ですよ。確か高橋（トンボ）ユニオンズの選手だったんじゃないかな。もう六〇年以上前の話なので、ボールが速いとか遅いとかいうのは覚えていないですね。

――法政二高で二度も全国制覇をなしとげた柴田さんですから、スカウト合戦は大変だったんじゃないでしょうか。

柴田　僕は最初から巨人に入る気持ちしかなかったのですが、南海の鶴岡一人監督には熱心に誘ってもらいました。実は高校の二級後輩に鶴岡さんの息子さんがおり、早くから鶴岡さんとは面識があったんです。東映の監督だった水原茂さんや、大洋の監督・三原脩さんからも話がありましたよ。

しかし当時のテレビ中継は巨人戦ばかりでパ・リーグの試合なんて見る機会もなかった。せいぜいオールスターか日本シリーズくらいのものでしたから……。

――それで初志貫徹で巨人入りされたわけですか。監督はどなたですか？

柴田　川上さんです。入団の挨拶のため、後楽園球場に行き、その時、初めて長嶋茂雄さんにお会いしました。そして、その足で南海との日本シリーズも観戦しました。

巨人2対3のビハインドで九回裏、二死満塁。追い込んでジョー・スタンカの投げたボールは外角低目。キャッチャーの野村克也さんはストライクでゲームセットと思ったようです。ところが主審の円城寺満さんがボールと判定し、野村さんはマスクを叩きつけて、猛抗議しました。

次の一球をエンディさんがライト前にタイムリーを放ち、巨人は4対3と逆転サヨナラ勝ち。スタンカはホームへベースカバーに入ると見せかけて円城寺さんにタックルを見舞った。あの伝説の一戦ですよ。それを僕はスタンドから学生服姿で見ていましたよ。

——晴れて巨人の一員になり、キャンプがスタートしました。オープン戦では好投したそうですね。

柴田　えぇ、オープン戦は三勝〇敗なんです。それで川上さんから「オマエ、開幕戦に行くぞ！」と声がかかった。忘れもしない後楽園での阪神との開幕カード、初戦が城之内邦雄対小山正明、そして二戦目が僕対村山実です。

——いくら甲子園で夏春制覇をしているとはいえ、高校を出たばかりの選手が開幕二戦目というのは、普通は考えられないですね。

柴田　初戦の城之内さんもルーキーでした。開幕の二試合をルーキー、ルーキーでいったというのは、巨人の歴史でも、そうはないと思いますよ。

――ところが初登板で柴田さんは五回途中でマウンドを降ります。

柴田　当時のピッチングコーチは三百勝投手の別所毅彦さんです。登板日の一〇日か一週間前のことです。僕は別所さんに呼ばれて、こう言われました。「オマエ、開幕カードに投げるなら、今から投げ込まなければならない。それがプロのピッチャーだ」と……。

――高校時代、投げ込みをしたことはなかったのですか？

柴田　ライバルといわれた浪商の尾崎行雄が剛速球でダーンと行くタイプだったのに対し、僕は球の切れで勝負するタイプ。尾崎はマウンドに上がる前から「二七人全員から三振取ってやろう」と考えていたと言いますが、僕は二七球で試合を終わらせたかった。つまり一球で相手を打ち取る、究極の〝省エネ〟投法です。

あんまり肩を酷使すると、ボールの切れがなくなる。法政二高監督の田丸仁さんからも「投げ込め」と言われたことは一度もない。投げてもだいたい一日五〇球から一〇〇球くらいでしたよ。

――じゃあ、別所さんから投げ込み指令が出た時はびっくりしたでしょうね。

柴田　なにしろ別所さんが付きっきりで三〇〇球も投げ込むんですから。それも二日間続けて。おかげで開幕した頃には肩が上がらなくなっていた。肩の裏側が悲鳴を上げていました。

――故障寸前の状態に陥っていたわけですね。

柴田　痛くて肩も上がらない。しかし新人ですから、痛いのかゆいのなんて言えないじゃないですか。案の定、ボールがピュッと伸びない。そのままスーッと行っちゃうんです。結果は四回と三分の二を投げて三本のソロホームランを打たれて負け投手。事実上、ピッチャー失格の烙印を押されてしまいました。

――一試合でピッチャー失格ですか。いくら何でも、それはちょっと早過ぎますね。柴田さんの投手成績を見ると、この年、あと二回、先発のマウンドに上がっています。

柴田　計三回も？　それは覚えてないなぁ。僕はあと一回は先発したはずだけど、残りは敗戦処理ばっかりかと……。

――川上さんから野手転向を命じられたのは、いつ頃ですか？

柴田　六月に入ってからですよ。「オマエ、バッターに転向しないか」と言われました。そこで、はい、とは言えませんよ。僕はピッチャーとして巨人に入ったわけですから。だから「バッターに転向する気はありません」とはっきり言いました。

しかし川上さんは僕を早くバッターに転向させたかったんでしょうね。実は思い当たるフシがあるんです。高校三年の夏の大会前に、別所さんが法政二高の練習を見にきてくれたんです。

ところが別所さん、僕のバッティングだけ見ると、ピッチングを見ずに帰ってしまった。こっちからすればショックですよ。まぁ別所さんからすれば〝甲子園で柴田のピッチングは十分見ている〟ということなんでしょうが、一応、ピッチングも見てもらわないことには、ねぇ（笑）。

――別所さんからの報告は当然、川上さんにも上がっていたわけですよね。

柴田　と思いますよ、「柴田はバッティングもいいぞ」とね。だから後に川上さんが巨人に勧誘するために家に来られた時、ウチのオヤジに「おたくの息子さんはバッティングもいい。将来、ピッチャーがダメでもバッターとして成功しますよ」と言ったんです。

また川上さんはこうも言いましたよ。「自分も王貞治もそうだった。ピッチャーとしてはダメだったけどバッターとして大成功を収めるだろう。おたくの息子さんも、そうなる可能性がある」と。

そばで話を聞いていて、僕は〝おかしなことを言う監督さんだな〟と思いましたよ。

だってピッチャーの僕を取りにきているのに、バッティングの話ばかりしているんですから……。

スイッチヒッター柴田誕生の裏側

――本格的なスイッチヒッターとしては、柴田さんは日本球界初です。川上哲治監督は最初から柴田さんをスイッチヒッターとして育てる方針だったんでしょうか？

柴田　キャンプではピッチャーもバッティング練習をするんです。初めてのキャンプでバッティング練習をしていたら、川上さんが近付いてきて「おい柴田。オマエ中学の時には左で打っていたらしいな。中学の先生から聞いたんだ」と僕に言ったんです。「はい、二カ月くらい遊びでやりました」と僕は答えました。

高校（法政二）時代は一度も左では打っていません。「左だと右肩にデッドボールをくらう恐れがある」と田丸仁監督が心配したからです。

そのキャンプでは、こんなこともありました。ある日、急に雨が降り出して練習中止になった。すると川上さんが、隣の陸上競技場で僕と長嶋茂雄さんに一〇〇メートル競走をやらせるというんです。当時、長嶋さんは巨人で一番足が速いと言われていた。まぁ一種のファンサービスですよ。

それで運動靴に履き替えて競走したら、僕が勝っちゃった。それを見ていた川上さんは「柴田は左でも打てるし、足も速い」という印象を持ったのかもしれません。

——なぜ、川上さんはスイッチヒッターをつくろうとしていたのでしょう?

柴田　当時、ドジャースにモーリー・ウィルスというスイッチヒッターがいました。メジャーリーグで二〇〇〇本以上（二一三四本）のヒットを打った名選手ですよ。ポジションはショートでした。

このウィルス、バットを短く持ち、ピッチャー方向に強いゴロを打ち返す。で、出塁したら、すぐ走る。ナショナル・リーグでは一九六〇年から六年連続で盗塁王に輝いています。

ドジャースは六〇年代、三度のリーグ優勝と二度のワールドシリーズ制覇をなしとげていますが、攻守にわたって活躍したのがウィルスでした。川上さんは〝巨人にもウィルスが必要〟と考えたのかもしれません。

——では野手転向後、最初のポジションはショートですか?

柴田　そう、ショートです。それまでショートを守っていた広岡達朗さんに少しずつ衰えが見え始めた。おそらく川上さんは、僕を二年ぐらい二軍でショートとして鍛え、その後は広岡さんの後釜に、と考えていたんじゃないでしょうか。

実際、翌年（一九六三年）のキャンプではショートの練習をしました。しかしショートというのは難しいんですよ。僕は中学でも高校でも、一回も守ったことがない。サードやファーストなら、そう難しくないんでしょうけど……。

で、三月の後半に二軍のオープン戦があったんです。僕はその試合に一番ショートで出場した。打っては三安打、盗塁も二つ決めた。それを見ていた川上さんは「守備は使えないけど、バッティングは今すぐにでも使える。ならば外野だ」と思ったというんです。だから試合後、すぐに聞かれましたよ。「柴田、おまえ外野守ったことあるか？」って。「はい、高校では投げない時は四番ライトでした」と答えると「センターに行け」となった。正式には四月にショートから外野に転向しました。

——記録によると、初めてのスタメン出場はその翌月の五月一一日、後楽園球場での国鉄戦です。そして初ホームランは五月二五日、広島市民球場での広島戦でした。

柴田　広島戦の前日に川上さんに呼ばれ「おい、明日はスタメンで行くぞ」と告げられたんです。相手のピッチャーは長谷川良平さん。通算一九七勝をあげています。

――この頃の長谷川さんは、もう全盛期を過ぎていましたが、一九五五年には三〇勝をあげ、最多勝に輝いています。弱い頃の広島ですから、この三〇勝には価値があります。

柴田　なんと、その長谷川さんからホームランを打っちゃったんです。そればかりか、次の試合も……。今度はエースの大石清さんでした。この二本のホームランがきっかけでレギュラーとして使ってもらえるようになったんです。

――当時、巨人の外野はどういう布陣だったんですか？

柴田　国松彰さん、渡海昇二さん、坂崎一彦さん、池沢義行さん、柳田利夫さんあたりがレギュラー争いをしていました。常時スタメンだったのは坂崎さんと国松さんくらいだったと思います。

――スイッチヒッターに転向した一年目で柴田さんは一二六試合に出場し、打率二割五分八厘、七本塁打、二七打点、四三盗塁という成績を残します。上々のデビューといっていいでしょう。

柴田　なにしろ日本では初めてのスイッチヒッターなもので、練習方法とかもよくわからない。川上さんに「スイッチって、どうやればいいんですか？」と聞いたら、「右も左も打て」と言われましたよ（笑）。それくらいアバウトだった。まぁ右は高校時代からやっているので問題ないのですが、左が難しい。僕は普通にバットを持ちたかったんですが、バッティングコーチの荒川博さんには「短く持て」と言われました。

――ゴロを打って足をいかせということだったんでしょうね。

柴田　多分そうでしょうね。今ならインターネットとかがあるからいろいろな情報に触れられるでしょうけど、当時はどこにもお手本がなかった。僕が（スイッチヒッターとして）成功しなかったら、しばらくは後に続く人が出てこなかったんじゃないでしょうか。

――柴田さんの後のスイッチヒッターといえば、広島の高橋慶彦さんになるのでしょうか。柴田さん同様、彼も俊足でした。

柴田　高橋君のことはよく覚えています。ある日、広島の打撃コーチをしていた山本一義さんから「今度、オマエによく似た選手が入った。高校までピッチャーをやっていて、足が速いんだ。スイッチヒッターに転向させたいんだけど、オマエはどんな練習をしたんだ？」と聞かれました。そう言われても、何か特別なことをやったわけじゃない。「いや、右でも左でも打っただけですよ」と返しましたけどね。

――V9がスタートしたのは一九六五年です。この年、柴田さんは九二試合にしか出場していませんか。ケガでもしたのでしょうか？

柴田　確か、この年は二回骨折したんです。一回はスライディングで左の足首を骨折しました。ベースに近いところで滑っちゃったんです。二回目は右足。全部で一カ月ちょっと休んだんじゃないでしょうか。

——そして翌一九六六年、柴田さんは四六盗塁で初めて盗塁王に輝きます。

柴田　この翌年（一九六七年）の春、巨人はドジャースのベロビーチキャンプに参加したんです。僕はピッチャー上がりだからスライディングはフック式一本槍。回ったり、よけたりができないんです。それで川上さんが聞かれたと思うんですが、ドジャースのコーチは「ヘッドスライディングがいい」と。僕は下手くそなものだから両手を擦りむいちゃった。絆創膏を貼ってしのごうとしたんですがうまくいかない。そこで手袋を買いに出たんです。

——ベロビーチの周辺はゴルフ場が多いですよね。

柴田　そうです。ところが、外国人用の手袋はデカイ。僕には合わないんです。それで帰ろうとしていたら、偶然、レディース用のコーナーに赤い手袋を見つけた。女性用だからちょっと恥ずかしいなとは思ったんですが、二三センチで僕の手にはぴったり合った。

――それが〝赤い手袋〟の誕生秘話ですか。

柴田　その年、七〇盗塁で二度目の盗塁王になった。これは当時、セ・リーグ史上二番目に多いシーズンの盗塁数です。

勝ちすぎたゆえの川上監督の苦悩

――巨人のV9がスタートしたのが一九六五年です。柴田さんは六六、六七年と連続で盗塁王に輝きました。

柴田　僕の印象では、巨人が本当に強かったのは五連覇までですね。六連覇した一九七〇年は二位とそんなに差がないはずです。

――確かにそうですね。二位・阪神とは二ゲーム差でした。六連覇のあと、監督の川上哲治さんが球団に辞表を提出したという話を聞いたことがあります。

川上さんは「あんまり勝ちすぎたもので、〝ジャイアンツが優勝すると決まっとるような野球は面白くない。これじゃプロ野球は潰れる〟なんていう論評が出始めた。それにつられてファンも、最後まで（優勝の行方が）わからんような形で勝ってもらう方がおもしろい、などという。勝ちすぎはいかん、と言われりゃ、もうこっちは辞めるほかない……」と考えたと語っていました。

柴田　マスコミにいろいろ叩かれましたからね。川上さんの気持ちはわかりますよ。実は川上さん、もう一回辞めようとしたことがあるんです。

――それはいつでしょう？

柴田　九連覇の年です。川上さんは長嶋茂雄さんに監督の座を譲るつもりだった。僕はシーズン中に川上さんに呼び出され、「オレは今年（一九七三年）限りで辞める。来年は長嶋が（監督を）やるから、王貞治とオマエで長嶋を助けてやってくれ」と、はっきり言われました。ところがその後、長嶋さんから「もう一年、現役でやりたい」という申し出があり、七四年も川上さんが指揮を執ることになったという話です。

――Ｖ９を達成した七三年は優勝した巨人と最下位の広島までが六・五ゲーム差以内でひしめき合うという大混戦でした。忘れられないのが一〇月二二日、阪神との最終決戦。前々日、中日球場での中日戦に敗れた首位・阪神は〇・五ゲーム差で二位・巨人を甲子園に迎えました。阪神は勝つか引き分けで優勝。巨人は勝つしかない。この歴史的な一戦を制したのが巨人でした。

柴田　思い出すのは一〇月二〇日の中日対阪神戦ですよ。この試合に勝つか引き分けで阪神の優勝が決まる。すると翌日の甲子園での巨人戦は消化試合になってしまうんです。

僕らは新大阪へ向かう新幹線の中で、ずっとラジオを聞いていました。中日球場は名古屋駅のすぐ近くにあった。スコアボードを見ると中日がリードしているんですよね。結局、阪神が負けた。

巨人が常宿にしていた芦屋の竹園旅館に着くなり、ミーティングが始まり、川上さんは「明日は絶対にうちが勝つ」と言い切りました。翌日は雨で中止。翌々日、9対0で阪神に大勝し、V9を達成したわけです。

――試合後が大変でしたね。阪神の大敗に激怒した一部の虎党がフェンスを越えてグラウンドになだれ込んできました。

柴田　僕はセンターのポジションから、もう一目散にベンチに逃げ帰ったんですが、僕よりも先にベンチになだれ込んでいるヤツがいました。王さんなんか、下駄で殴られそうになったんじゃないかな。

実はこの騒動をきっかけに、どの球場もフェンスを高くしたんです。ファンが勝手にスタンドから降りてこないようにと……。

ONを従えた一試合だけの四番

――不動の〝一番センター〟として、V9を支えた柴田さんにとって、一番印象に残っている試合は？

柴田　一九六九年の七月三日、甲子園での阪神戦で四番を打ったことがあるんです。三番が長嶋さん、五番が王さんでした。

――川上さんも大胆な打順を組みましたね。

柴田　この時の先発が江夏豊。王さんが江夏を苦手にしていたことで、こういう打順になったと思うんです。試合前に、スタメンが発表されるでしょう。一番が高田繁、二番が土井正三……。この段階で〝あれっ、今日はオレ三番か⁉〟と思ったんです。ところが〝三番サード長嶋〟とコールされた。〝えー、オレは休みか……〟と。その直後に〝四番センター柴田〟。〝うわー、オレ四番なんだ〟と、もうびっくりですよ。

――で、結果はどうだったんですか？

柴田　初回に江夏から僕がホームランを打ち、4対1で勝ちました。それで帰りのバスの中、川上さんに「監督、明日も僕、四番ですよね？」とやったら、「バカ、オマエは一試合で十分だ!」って(笑)。後で聞いたら「ONの気分転換の意味合いが強かった」と言っていましたね。

——いずれにしても、これは大きな勲章ですね。

柴田　ONの二人が元気な時に、スタメンで四番に名前を連ねたのは僕だけだそうです。

V9ができた最大の理由

——川上さんと言えば「管理野球」ですが、一番バッターの柴田さんでも、かなりの制約があったのでしょうか?

柴田　3ボールナッシングはもちろん、2ボールナッシングでも〝待て〟のサインが出ました。一度、3ボール1ストライクから〝待て〟のサインが出たので噛みついたことがあります。すると牧野茂コーチに「オマエは3-2のカウントも3-1も一緒だ」と言われてしまいました。

——当然、サインを無視したら罰金ですが、懲罰制度を導入したのは巨人が初めてだったという話を聞いたことがあります。

柴田　そうでしょうね。サインの見落とし、ボーンヘッド、バント失敗、全力疾走をしなかったことなどがその対象でした。金額は一〇〇〇円ぐらいですよ。

逆にピッチャーが完投した時などは三万円、タイムリーを打った選手には一万円などというふうに、途中から報奨金も出るようになりました。

罰金についていえば、シーズン終了後に、それを軍資金にして歌謡大会などを開いたりするんです。それを優勝者が総取りする。ある時、長嶋さんが優勝した。それを受けて川上さんが「長嶋が総取りだけど、このうちの半分は長嶋が支払ったものだ」と話した時には、皆で大笑いしたものです。長嶋さん、自分で払って、自分で持っていっちゃうんだから（笑）。

――その長嶋さんが監督に就任したのが一九七五年です。この年、巨人は球団史上初めて最下位に沈みました。

柴田　あの年は長嶋さんの他に、キャッチャーの森祇晶（昌彦）さんもいなかった。前年限りで引退していましたから。それでも、まさか最下位になるとは夢にも思わなかった。ただ、その前兆はキャンプの時から出ていました。川上さんの視線は常にベンチやグラウンドを向いていたのですが、長嶋さんの場合、視線の先にあるのはファンとマスコミなんです。正直〝長嶋さん、なに考えているんだろう……〟と心配になったこともあります。最下位を経験したことで、それからは長嶋さんも変わりましたけどね。

――V9がスタートしてから、もう半世紀がたちます。強さの秘密はどこにあったとお考えですか?

柴田　ONがいたことはもちろんですが、僕は強さの源泉は守備力にあったとみているんです。

――打力よりも守備ですか?

柴田　そうです。V9時代、レギュラーメンバーは、ほぼ固定していました。ONはバッティングだけでなく、守備も抜群にうまかった。外野に目を転じると、高田が一九六七年に入ってきて、左から高田、僕、末次利光という布陣になった。手堅い外野陣だったと思います。

内野のキーマンはセカンドの土井。不安があったとすればショートの黒江透修さんのスローイングとキャッチャーの森さんの肩くらい。それでも、弱点を上回るだけの闘志や頭脳があった。

V9時代の巨人が競ったゲームに強かったのは、余計な点を与えなかったことに尽きると思いますね。

第四章

伝説の高橋ユニオンズとプロ野球ニュース

佐々木信也――伝説の球団と番組を語る

戦後の混乱期に湘南高から慶大へ

今でこそ元プロ野球選手がキャスターとしてマイクの前に座ることは珍しくなくなった。その走りが高橋ユニオンズなどで活躍した佐々木信也である。爽やかな弁舌と小気味のいい仕切りでお茶の間を魅了した。

二〇一五年の夏の甲子園で東海大相模が二度目の優勝を果たした。神奈川県と言えば、今でこそ〝野球王国〟だが、同県で初めて全国制覇を達成したのが一九四九年夏の湘南高である。

佐々木は一年生ながらレギュラーとして活躍し、優勝の立役者となった。今から七二年前の話である。そこからインタビューはスタートした。

――湘南の優勝は慶應普通部（東京）以来三三年ぶりで「深紅の優勝旗が箱根の山を越

えた」と随分、話題になったようですね。

佐々木　僕はまだ一年生。いや、まさか勝つとは思わなかったな。

――大活躍されたそうですね。

佐々木　僕は七番レフトで、確か一七打数六安打かな。準々決勝の松本市立高戦ではサヨナラヒットを打ちました。

――この大会には、後に西鉄入りし、〝怪童〟と呼ばれる中西太さんも出場していますね。

佐々木　そうです。高松一高の中西です。準決勝では試合の後半に入って雨が降り出した。2対2の同点で延長に入りました。

もう、ここまでくればいいや、早くやめたいという気持ちでしたよ。そうしたら六番バッターがサヨナラヒットを放って勝っちゃった。さぁ、ここからが大変……。

――何があったんですか？

佐々木　ウチのエースが熱を出して寝込んじゃった。二番手投手が僕。もし僕が投げていたら優勝なんかしていませんよ。ところが試合の途中から降り始めた雨がひどくなり、準決勝の二試合目が中止になったんです。この試合が翌日に持ち越されたことで、僕たちは一日休むことができた。これでエースが回復したんです。

――決勝の相手は岐阜高でした。

佐々木　後に巨人で正捕手となる森祇晶の兄がセンターで四番を打っていましたよ。エースは後に慶應で僕の先輩となる花井悠さんでした。

――進学校同士の対戦だったわけですね。

佐々木　岐阜高の選手たちが〝いざ決戦〟みたいな怖い顔付きで球場に入ってきたのに対し僕らは修学旅行。なにしろ決勝戦が始まる前に甲子園の入り口で記念写真を撮っているんだから（笑）。ところが修学旅行気分の方が勝っちゃった。野球ってわかりませんね。

――佐々木さんは大舞台に強かったと言われています。

佐々木　そうそう。慶應では〝早慶戦男〟と呼ばれるほどよく打ったし、プロでもルーキーの年にいきなりオールスターゲームに選出されて、セ・リーグの大エースの杉下茂さんと長谷川良平さんからヒットを打っているんです。お客さんが入った方が力が発揮できるタイプのようです（笑）。

――一九四九年といえば、まだ戦後の食糧難の時代。食べ物にまつわる思い出も多いのでは？

佐々木　甲子園の食堂のごはんがめちゃくちゃおいしかった。〝敵に勝つ〟ということでステーキとカツが出てきたんだけど、あんなにおいしいものを食べたのは初めてでした。

――毎日新聞にはマネジャーが「ヘビ飯」をつくっていた、というエピソードが紹介されています。

佐々木　アハハハ。これは当時の僕は知らなかった。もう何十年もたってから〝実は……〟とマネジャーが切り出したんですよ。

――どんな〝料理〟だったんですか？

佐々木　マネジャーが僕らに栄養をつけさせようとして、野生のヘビを捕ってきた。それをご飯と一緒に炊いたというんです。フタの真ん中に穴をあけておくと、ヘビが苦し紛れにそこから顔を出す。頭の部分だけ持って引っ張ると、身がパラパラと下に散る。それを炊き上げたご飯の中に混ぜたと……。

――あまり食べたいとは思いませんが、想像するだけで栄養がありそうですね。

佐々木　これもヘビにまつわる話ですが、僕はプロ一年目、全試合全イニングに出場した。当時、新人での全試合全イニング出場は初めてでした。さすがに八月の半ばくらいには精も根も尽き果てて、動けなくなってしまった。それで、ある先輩に相談したところ、〝佐々木、赤マムシの粉末を買ってこい。それをオブラートに包んで小さじ一杯分飲んでグラウンドに来い！〟と。

僕はそのとおりに実行しましたよ。すると試合が始まる頃には体がグァーッと熱くなる。確かにその日はヒット三本打ちました。翌日も、また二本。一週間ぐらいの間で打率が急上昇し、〝このまま打ったら首位打者だな〟と思ったこともありますよ。

――学生時代の話に戻しますが、神宮での優勝回数は？

佐々木 それがたったの一回です。一年の春だけ。同期に、後に巨人のエースとなる藤田元司がいましたが、僕たちはユニホームを着られなくて球場で切符切りをやっていました。

――慶大でレギュラーになったのは？

佐々木 二年の秋からです。それまで僕はショートをやっていた。ところが二年の夏の合宿で、監督の阪井盛一さんに呼ばれ、セカンドへのコンバートを命じられた。

最初は嫌でね。一生懸命抵抗したんです。でも「オマエはセカンドの方が伸びる」と押し切られてしまった。それが結果的にはよかったのかな。レギュラーに定着することができましたから……。

なぜ高橋ユニオンズへ?

——プロは〝伝説の球団〟と呼ばれる高橋ユニオンズに進みます。日本プロ野球史上、唯一、個人名が冠せられた球団で、朝日麦酒（現アサヒビール）や日本麦酒（現サッポロビール）の役員を務めていた高橋龍太郎さんがオーナーでした。

佐々木　いや、僕は最初、プロに行く気なんてさらさらなかった。四年の秋には二〇社を超える社会人野球のチームからオファーがありました。

——大争奪戦が繰り広げられたわけですね。

佐々木　もう毎晩のように赤坂の料亭に呼ばれましたよ。中に入るときれいな芸者さんたちがいて、見たこともないようなご馳走が並んでいる。帰りはハイヤーでケーキやお寿司のお土産付きですよ。

合宿所に入ると下級生たちが首を長くして待っていて、私が帰るともう大騒ぎ。そんな時代でしたよ。

——それを全て蹴ったわけですか?

佐々木　そうです。行こうとしたのは北海道砂川市にある東洋高圧。ここには慶大のOBがひとりもいなくて、僕は開拓者の精神ですよ。ところが東洋高圧の入社通知をもらってから高橋ユニオンズがウチの母親を口説きにきた。僕の家の前にある鵠沼ホテルに球団代表が一週間も泊まり込んだんです。

とうとう母親が根負けしちゃって「一度、代表の話を聞いてごらん。素晴らしい人だよ」と。その頃、ある事情があって、母親に苦労をかけていた。そういうこともあって〝じゃあプロに行くか〟と……。

――高橋ユニオンズが活動したのは一九五四年から一九五六年までのわずか三年間だけです。佐々木さんが入団したのは一九五六年、つまりユニオンズ最後の年です。

佐々木　本拠地は川崎球場。僕は三五〇万円の契約金で川崎駅の北側に家を買いました。部屋が三つくらいある四〇坪くらいの小さな家ですよ。

――プロでの自信は?

佐々木　もう、これっぽっちもなかった。体が小さい上に、それまでプロのことなんて一度も考えたことがありませんでしたから……。

記録づくめの黄金ルーキー

――一九五六年、佐々木さんは数々の新人記録をつくりました。全試合全イニング出場、一八〇安打、一四一単打。この三つは今でも新人記録として残っています。

佐々木　とりわけ一八〇安打が五九年たった今でも破られていないのは驚きですね。一度調べたことがあるんです。長嶋茂雄は新人の年、何本打ったんだろうと。一五三本でした。僕より二七本も少ない。まぁ試合数も、僕の方が二四くらい多かったんですけどね。

――大きな故障もしなかったわけですね。

佐々木　あれは、残りが一〇試合くらいの時だったのかな。左指の第二関節にデッドボールを受けた。腫れ上がってバットも満足に持てない。

しかし、僕の場合、全試合全イニング出場がかかっているから、監督の笠原和夫さんが「打順は九番に下げてやるから出ろ」という。九番でも守ることに変わりはないから、ボールを捕る時は激痛ですよ。痛いのを我慢してやったら、右手だけでライト前にヒットを二本打った。そんなこともありましたよ。

——打者として三つも記録をつくりながら、新人王は西鉄の稲尾和久さんでした。

佐々木　これは仕方がないね。だって二一勝六敗、防御率一・〇六なんですから。ただ私にも三〇くらい票が入ったはずですよ。

——佐々木さんはオールスターゲームでも活躍しました。

佐々木　最初の試合で長谷川良平さんからライト前ヒットを打ち、二試合目で初先発。セカンドの私とショートの豊田泰光との間でダブルプレーを四つ決めたんです。これでファインプレー賞をもらった。賞品は松坂屋の三〇〇〇円の商品券でした。

高橋ユニオンズの実態

——ところで、佐々木さんが入団した高橋ユニオンズは決して裕福な球団ではありませんでした。

佐々木　これは後で知ったんですが、遠征先では一日の食費は六〇〇円でした。肉の塊なんて、ほとんど出ない。ところがある日、突然、ステーキが出たわけです。これは皆、喜びましたねぇ。ところが、夜一一時くらいになってトイレの前に行列ができた。

——下痢でもしたんですか？

佐々木　そうなんです。馬肉の痛んだヤツを食べさせられた。それで正露丸を五〇粒くらいまとめて飲みました。

当然、もうフラフラですよ。翌日の試合が南海戦。僕はキャッチャーの松井淳さんに頼みました。「実は全員ピーピーなので、ひとつよろしくお願いします」と。

松井さんも同情してくれたらしく「よーし、直球くるぞ」とマスク越しに教えてくれた。こちらは体に力が入らないものだからコーンとジャストミートすると、打球はセンター前へ。「佐々木、オマエうそついたな!」ともう大変でしたよ(笑)。

——佐々木さんが入団する前年、高橋ユニオンズは、トンボユニオンズに変わります。

佐々木　高橋ユニオンズは高橋龍太郎さん個人が持っていた球団だから、とても資金が足りない。そこで一年間、トンボ鉛筆に球団を持ってもらったんです。ところが一試合平均の観客動員数は二三〇〇人。これじゃPR効果もないということで、トンボ鉛筆はすぐに手を引いて、チーム名は再び高橋ユニオンズに戻りました。

——一九五六年は順位も八球団中最下位でした。

佐々木　あれは優勝が決まった後の近鉄戦ですよ。日曜日のダブルヘッダーでした。あまりにもお客さんが少ないので、僕はセカンドのポジションからひとり、ふたり、三人……と数えてみた。すると三二人でした。

——三二人ですか（笑）。ひょっとすると、八一年の歴史の中でＮＰＢ史上最少かもしれませんね。

佐々木　お客さんの入らない試合はヤジがよく聞こえるんです。藤井寺球場での試合ですが、近鉄相手にヒットを三本打ったら、四打席目の時「オイ佐々木、もう打たんでくれ。オレの妹をくれてやるから」だって（笑）。もう笑っちゃって打てなくなりましたよ。

「わずか四年で引退」を仕組んだ意外な〝犯人〟

——一年目、華々しい活躍をした佐々木さんですが、その後、徐々に出場機会が減り、わずか四年で現役を引退します。あまりにも早過ぎた気がします。

佐々木　一年目が高橋、二年目が大映、三年目が大毎と三年間でチームが三つも変わった。そうなると、チーム愛が薄れていくんです。四年目のキャンプの時、大毎は練習の最後にベース一周のタイムトライアルをやった。私は一四秒二でトップでした。その私がなぜクビにならないといけないのか。球団の詳しい人間に調べさせたところ〝犯人〟がわかったんです。

――誰だったんですか？

佐々木　監督に就任したばかりの西本幸雄さんでした。私はそれを二〇年間、黙っていた。しばらくして大阪の毎日放送（ラジオ）から出演依頼があったんです。「佐々木さん、ゲストはどなたにしましょう？」と。それで僕は「西本幸雄さんをお願いします」とはっきり言いましたよ。

――ラジオで西本さんを問い詰めたんですか？

佐々木　ええ。「なぜ私をクビにしたのか教えてください」。すると西本さん、「佐々木君、一度謝らないといけないと思っていた」とこうですよ。僕は「西本さん、遅い」と言い返しましたけど（笑）。

西本さんが言うには、私をクビにした年は内野手が多かったと。名前も覚えています。小森光生、八田正、平井嘉明、須藤豊、そして私。前年に高校出の塩津義雄という大型内野手が入ってきた。それで誰かひとりを辞めさせなきゃならないとなり、僕をクビにしたと言うんです。「キミが一番、食いっぱぐれがなさそうだった」と。それを聞いて、またこっちは〝こんちくしょう！〟となりましたよ。

でもね、ある時、心ある友だちが僕にこう言ってくれたんです。「佐々木、西本さんがオマエをクビにしたお陰で今のオマエがあるんだ」と。確かに、一理あると言えばある。二六歳でユニホームを脱がされたことで解説者としての道が開かれたわけですから……。

――トレードの話はなかったんでしょうか。

佐々木　巨人から話がありました。当時の監督は水原茂さん。慶大の大先輩です。一二月の終わりに電話がかかってきて「ウチへ来い」と。水原さんが言うにはファースト王貞治、ショート広岡達朗、サード長嶋。この三人は安泰なんだけど、セカンドが手薄だと。セカンドは土屋正孝という選手で、ボーッとしているので〝眠狂四郎〟と呼ばれていました。

この話をどこから聞いたのか、日刊スポーツが「佐々木、巨人入り」と書いた。すると報知新聞が私の足を引っ張り始めた。〝毎日をクビになった男を、なんで読売がとらなきゃいけないんだ〟というわけです。

これ以上、水原さんに迷惑をかけてはいけないと思い、ご自宅まで出向いて「水原さん。この話はなかったことにしてください」と僕の方から断りました。水原さんは「すまなかった」の一言だけでした。

その頃、巨人における水原さんの立場はあまりいいものではなかった。案の定、翌年限りで辞任しましたよ。

――ＮＰＢの公式見解では、高橋ユニオンズは大映と合併したことになっています。

佐々木　選手は大映だけではなく、近鉄に四人、東映には六人も行っています。だから真実は合併ではなく解散なんです。ところが議事録には合併という文言がある。高橋の当時の球団代表は高橋敏夫さん。この人は武蔵野化学研究所という化学薬品の会社を経営していた。〝解散というのは印象が悪い〟という経営判断が働いたのではないか……。私はそのように見ています。

二六歳の解説者

――現役引退後、佐々木さんは二六歳の若さで解説者となります。最初は日本教育テレビ（現テレビ朝日）でした。

佐々木　テレビ局が言うには「五分間キミと話をして、この男は使えると判断した」と。ところが私はしゃべることが大の苦手ときている。まさか、しゃべる仕事を五〇年以上続けるとは思ってもいませんでした。

――テレビ朝日のあとは日本テレビです。巨人戦といえば佐々木さん。私にはそんなイメージがあります。

佐々木　ちょうど巨人のＶ９の期間ですから、本当にいい野球を見させてもらいました。これまでいろいろな監督さんの野球を見てきましたが、やはりナンバーワンは川上哲治さんだと思います。

――一四年の監督生活でリーグ優勝一一回、日本一は一一回。とりわけ九連覇は、もう二度と破られないかもしれません。

佐々木　川上さんとは二回、一緒にゴルフをしたことがあるんです。川上さんは、一〇発打ちゃ六発か七発はグリーンに乗るラフからのボールを狙わなかった。パットで寄せてパーをとったんです。川上さんに「なんで狙わないんですか？」と聞いたら「いや、一〇発打ったら二発はグリーンをオーバーする。そうなるとバンカーもあるしラフもきつい。ダブルボギーもありえる。だから直接は狙わないんだよ」と。この話を聞いて、〝これぞ川上野球〟だと思いましたよ。石橋を叩いても渡らない。この慎重さがあったからこそ、Ｖ９を達成できたんだと思います。

――一九七四年に川上巨人は優勝を逃します。佐々木さんも解説を降りるわけですが、テレビ局との間に何かあったんでしょうか？

佐々木　シーズンの終わり頃です。後楽園での試合を解説していて、私は「巨人の選手はもっとファンを大事にして欲しい」とコメントしたんです。アナウンサーも「佐々木さん、本当にそのとおりですよ」と同調してくれた。

というのも、その年、パ・リーグで優勝したロッテの金田正一監督が率先してファンサービスをやっていた。選手もそれを見習っていました。ところが巨人の選手は人気にあぐらをかいていて、積極的にファンに近付こうとしない。そこで苦言を呈したつもりだったのですが、放送終了後、テレビ局に球団から抗議の電話が入った。「あの発言はマズイ」と……。しかし、こちらは何も悪いことをした覚えがない。本当のことを言ったまでだから謝りもしない。すると「もう契約は終了だ」と。現場の意思というより、親会社の意向が働いたんじゃないでしょうか。

「プロ野球ニュース」の顔として

――日本テレビの後はフジテレビです。一九七六年四月から一九八八年三月まで「プロ野球ニュース」のキャスターを務められました。

この番組は画期的でした。それまでスポーツニュースといっても巨人戦が中心で、パ・リーグの試合は結果くらいしか伝えられなかった。セ・パ全六試合すべてダイジェスト版で放送したのは、これが最初だったんではないでしょうか。

佐々木　特にパ・リーグの選手は喜びましたね。それまでは活躍しても見向きもされなかった選手が、三分くらいテレビに映るんです。当時、インタビュー謝礼が三万円くらいだったかな。インタビュー後、それを封筒に入れて球団の担当者に渡す。ところが日本ハムやロッテの担当者は、それを受け取ろうとしないんです。「僕たちはテレビに取り上げて頂けるだけで光栄なんです」と、こうですよ。こちらの方が恐縮しましたよ。一方で巨人の担当者は、ちゃんと受け取っていましたが(笑)。

――アハハハ。私たちの世代で、「プロ野球ニュース」を知らない人は、まずいないでしょう。夜が楽しみでした。解説者も多く、内容も充実していました。

佐々木　テレビ局からしたら最初は大冒険だったと思いますよ。しかし、人気が出てきて視聴率も右肩上がり。こうなると一流のスポンサーが放ってはおかない。キャンセル待ちしていた企業もあると聞きました。

僕は一二年間、キャスターをやらせてもらいましたが、七、八年目かな。フジテレビの系列局の集まりに森光子さんや芳村真理さんたちと呼ばれたことがあるんです。フジテレビに一番貢献しているタレントというフレコミです。景気のよかった時代ですから、驚くような土産物が出ました。

——芳村真理さんといえば「夜のヒットスタジオ」の司会者ですよね。あれも人気番組でした。

佐々木　実は私も真理さんも東京の吉祥寺に住んでいて、まちでばったり出くわしたことがあるんです。その時に、よくこんな話をしました。「僕と真理さんでフジテレビを支えているんだよね」って。

長嶋にあった異次元の発想力

——話をグラウンドに戻しますが、現役時代、解説者時代を含めて、ナンバーワンと思われるピッチャーは誰ですか？

佐々木　そりゃ国鉄時代の金田正一さんでしょう。ぼくはサウスポーが大好きでオープン戦で金田さんと対戦するのを楽しみにしていた。ところが高橋ユニオンズとのオープン戦に大エースは出てこないんです。初めて対戦したのは一年目のオールスターゲームですよ。僕は二試合目にスタメンで使ってもらい、最初の打席で杉下茂（中日）さんから左中間にクリーンヒットを放った。そして四打席目が金田さんですよ。

――杉下さんのフォークボール、金田さんのカーブと言えば当時の〝魔球〟です。

佐々木　もう、こちらはうれしくてたまらない。わくわくしながら打席に立ちましたよ。初球は胸元のストレート。胸元を通り過ぎる瞬間、ブンって音がしました。もう背中がゾクゾクしましたね。

二球目もストレート。振り遅れてライト線へファール。そこで、パッと見たらサード箱田淳（国鉄）さんが随分、深く守っている。それで僕、セーフティバントをやった。足には自信があったものですから。

うまくいったと思ったんだけど、ベースの手前一メートルくらいのところでファール。これで1ボール2ストライクと追い込まれてしまった。さぁストレートがくるかカーブがくるか。両方とも打てる体勢で待っていたら、明らかにバックスイングでの手首の角度がこれまでとは違うんです。僕は瞬間に〝あっ、これはカーブだ！〟と判断した。

ところが、そのボール、僕の頭の上を通りそうな軌道なんです。スッポ抜けかなと。で、見送ると、キュキュッと曲がり落ちてきて、最後は僕のヒザ元におさまった。僕は呆然と見送るしかなかった。見逃し三振ですよ。

――話を聞いていると、落差はゆうに一メートルはありそうですね。

佐々木　昔は、よく落ちる変化球のことを〝懸河(けんが)のドロップ〟と表現したんですけど、あれこそ、そのボールですよ。僕はただもう茫然自失でした。

――金田さんと言えば長嶋茂雄さんのデビュー戦で四打席連続三振に切ってとった〝伝説〟の持ち主です。

佐々木　これはね、僕が解説者になってすぐの出来事です。長嶋はプロ三年目。宮崎のキャンプ取材にいったら肝心の長嶋がいない。どこにいるのかと聞いたら〝Bグラウンドにいる〟というんです。そこでネットを張って、ひとりで黙々と打ち込みを行っていた。

それだけなら別段、珍しい話ではないのですが、マネジャーに頭の上のほうを目がけてボールを放らせている。僕は〝こいつ、いよいよおかしくなったのか？〟と思いましたよ。それで「おいシゲ、何をやっているんだ？」と聞いたら「今年こそカネさんのカーブを打ちたいんです」と言った。長嶋が言うには、落ちたところにバットを合わせても間に合わない。落ちる前に叩くんだと。〝やはりこの男は次元が違う〟と思いましたね。

長嶋は発想からして天才でしたよ。

第五章

証言　広島カープ

——被爆地に歓喜をもたらした男たち

長谷部稔——広島カープ草創期秘話

広島カープ一期生

球団史上初となるリーグ三連覇（二〇一六～一八）を達成した広島カープは、当時の日本野球連盟総裁（後、会長）・正力松太郎のエクスパンション政策により、一九五〇年に誕生した球団である。

長谷部稔は一期生四八人のうちのひとりである。カープのOB会長も務めていた。同期入団の中には通算一九七勝（二〇八敗）をあげ、〝小さな大投手〟と呼ばれた長谷川良平もいた。キャッチャーの長谷部は、その長谷川とバッテリーを組んでいた時期もある。一期生は長谷部を除き、すべて物故者となった。

広島カープは親会社を持たない独立採算制の「市民球団」として発足したため、スタートと同時に経営難に陥り、選手への俸給も滞りがちだった。草創期の選手たちは、どのようにして受難の時期を乗り越え、何を励みにして野球と向き合ってきたのか。一九三一年生まれの長谷部は生まれ故郷の広島市安芸区矢野東地区に、七歳下の妻とともに静かに暮らしていた。

――長谷部さんは、どういうきっかけでカープに入団したのでしょう？

長谷部　一九五〇年一月一五日、今の県庁のある西練兵場跡で球団結成の発表がありました。西区にあった県営球場（広島県総合グランド野球場）で入団テストが行われたのは、その翌日です。

――どのくらいの人が集まったのですか？

長谷部　一〇〇人くらいは集まりましたね。連盟が五〇人の選手がいないとチームとして認めないということでテストが行われたと聞いています。

――長谷部さんの野球歴は？

長谷部　旧制中学の広島県立広島工業学校ではキャッチャーをやり、四番を打っていました。ところが戦後の学制改革で他校と統合されて広島県立皆実高校となったんです。一九四九年、僕が三年生の夏には皆実高の選手として西中国大会にも出場しています。甲子園出場に、あと一勝と迫ったのですが、山口県代表の柳井高校に敗れました。僕は当時としては体が大きかった。身長は一七八センチありました。しかも四番を打ちよったから目立ったんだと思います。高校の監督がカープの初代監督・石本秀一さんと面識があったこともあり、「テストを受けろ」となったんです。

――どんなテストだったんですか？

長谷部　僕はキャッチャーやったから、ようけピッチャーのボールを受けましたよ。あとは打ったり、走ったり。これを三日間やりました。あとは石本さんの訓話ですね。もう覚えていませんが、プロ野球はこういうところじゃ、みたいな話だったと思います。

――三日間かけて選手をふるい落としていったわけですね。

長谷部　今みたいにゼッケンがないから、石本さんもひとりひとりの名前がわからないわけです。僕らは一日のテストが終わるたびに石本さんの前に座らされる。そこで石本さんがオマエとオマエとオマエ、と指をさすんです。指をさされた選手は次の日も来ることが許される。

で、二日目のテストの後でしたかね。三番目くらいに指さされ、「ワシや！」と思って立ち上がろうとしたら、隣のヤツが喜んで先に立ち上がってしまった。自分とカン違いしたんですよ。あまりにも喜ぶもんやから、そいつがかわいそうになって、僕は立ち上がらなかった。だから最後の日はテストに行ってないんです。

――長谷部さん、人がいいですね（笑）。

長谷部　いやいや（笑）。僕はもう落ちたことになっているから、翌日は野球道具も持っていかずに、スタンドから見ていた。学生服のままで……。そしたら石本さん、大変な剣幕で皆実高からきている他の選手を怒りよるんです。「オマエんとこのキャッチャー、おらんじゃないか！」と。それでグラウンドまで降りていってピッチャーのボールを受けた。それで合格ですよ。

――それだけ石本さんからの期待が大きかったのでしょう。

長谷部　まぁ、今考えたら、キャッチャーがおらんかったということですよ。受け手がいないとピッチャーは練習できませんから……。

――当時の契約は、どういう内容だったんですか？

長谷部　中身なんか見てませんよ。僕の場合は合格した選手が五人ほどグラウンド近くの合宿所に集められ、すぐにハンコを押せ、と。ハンコを押すまでは家に帰してくれんのです。三時間くらい正座させられたかな。立ち上がった瞬間、足がしびれて皆バタバタと倒れていました。

——結局、根負けしてハンコを押したわけですね（笑）。

長谷部　僕は石本さんに「こんな大事なことは親に相談しないといけない」と言いました。しかし、聞いてくれないもんじゃから、結局はハンコを押しましたよ。皆バタバタ倒れる中、僕ひとりは倒れんかった。〝くそったれ！〟という気持ちがどこかにあったんでしょうね。

伝説の「たる募金」の舞台裏

——ちなみに給料は？

長谷部　月給五〇〇〇円でした。僕は県工（広島県立広島工業高校）では土木を専攻していたのですが、同い年で県庁や市役所に入った連中の初任給がだいたい一七〇〇円くらいでした。

——公務員の約三倍ですね。

長谷部　そうです。だから最初はうれしかったですよ。三倍もくれるところなんて、そうはありませんでしたから。だけど、うれしかったのは最初だけ。僕は給料なんてまともにもらったことがない。

――資料によると経営難により五月から給料が遅配になったそうですね。

長谷部　まぁ月に一〇〇〇円くれればいい方です。それに当時は「7対3ルール」が存在していた。試合収入は勝者が7、敗者が3の比率で分けるんです。カープは負けてばかりだから、ほとんどカネが入ってこない。入ったとしても給料は妻帯者から順に支払われるんです。僕ら独身者は「我慢せいよ」と言われたものです。

――経営難を救うために石本監督が考え出したのが後援会制度です。その象徴が「たる募金」でした。

長谷部　二年目に入ってからですかね。石本さんが県内各地で後援会をつくった。そこでカネを集めるわけです。僕らもよく駆り出されました。僕の実家は呉に近かったので、シーズンオフには、よく呉の方に行きましたよ。

――そこで選手は何をするんですか?

長谷部　行き先は全て石本さんが決めるんです。医者のところに行けといったら医者のところ、魚屋に行けといったら魚屋さん。そんな感じでした。あるいは料亭に行かされることもありました。

そこで僕らは酒の相手をし、歌を歌わされる。炭坑節もよう歌わされました。そうせんとカネ出してくれませんから……。

——ちょっと言葉は悪いかもしれませんが、いわゆる〝男芸者〟ですね。

長谷部　まぁ、そういうことですよ（笑）。他にもいろいろなことをやらされました。たとえば街頭での鉛筆売り。

——それはどういうものでしょう？

長谷部　トンボ鉛筆一ダースを六〇円で売るんです。一二本の中に一本だけ、有名選手のサインが金文字で入っている。これが結構売れたんです。

——当時の相場で一ダース六〇円というのは高かったんですか？

長谷部　普通の子供たちには買えない値段です。だから買いにくるのは大抵、大人でしたね。そんな中、売り場の近くを五円だけ握り締めてウロウロしている子がいる。一本しか買えないけど、どうしても売って欲しいと。いや、それならというので一ダースをバラして一本だけその子に売ってやりましたよ。こうやって市民皆でカープを支えたんです。

原爆とカープ誕生

――一九四五年八月六日、広島市に米軍の原子爆弾が投下されます。爆心地は相生橋の上空でした。この時、長谷部さんはどこにいましたか？

長谷部　矢野川（現広島市安芸区）の近くに実家があり、そこにおりました。爆心地からは大体、一〇キロちょっとの距離です。朝、家の中におったら、光がバァーッと窓越しに入ってきた。それで爆弾が落ちたことはすぐにわかりました。家の近くに落ちたと思うて、僕はすぐ外に出た。すると爆風で体がぐらつきましたよ。飛ばされるほどではなかったけど、歩くとよろめきましたからね。

それで土手に上がって、どこに落ちたかを確認しようと思った。沖に輸送船が入ろうとしていたので、最初はそれがやられたのかと思うた。でも、それじゃない。そうしているうちに比治山の向こう側からモクモクとピンク色の雲が湧いてきた。やがてそれは渦を巻き、白くなっていった。うわーっ、何やろ、これは……。こんなの見たことないと思いました。でも僕の兄貴は知っとった。「あれは原爆じゃ」って。県工（広島工業高校）で機械を専攻しとって、よう勉強もできた。それで知っとったみたいです。

――この時、長谷部さんは一三歳ですね。

長谷部　僕はちょうど工業高校の二年生で、一年生の時から学徒動員に出ているんです。日本製鋼所というところで修理工をやっとりました。大砲や高射砲の修理が主な仕事でした。広島には海からグラマンが飛来してきていた。それを狙うんですが、高射砲は上空六〇〇〇～七〇〇〇メートルまでしか弾がとばない。グラマンは一万メートルを越えてやってくるから、撃っても当たらんですね。

――「竹槍でＢ29を撃ち落とす」というたとえ話がありますが、まさにそれですね。

長谷部　いや、そのとおりです。僕はその現実を見とりますよ。

――原爆が投下されたのは月曜日の朝八時一五分です。

長谷部　その日はたまたま休みだった。当時は電気が足りんもんやから、大きな工場は交代で休みになっとったんです。電気休みいうてね。もし行っとったら……。

――市内が焼け野原になったのを知ったのはいつ頃ですか？

長谷部　原爆投下から一カ月後くらいですね。

もう、その頃になるといろいろな情報が入ってきとった。広島のまちは大変なことになっとるぞ、とね。ウチの近くの小学校にも被爆した人がたくさん運び込まれてきた。

一週間くらいしたら体にウジがわき、バタバタと死に始めた。こりゃ、とんでもないことになったと思いました。

その頃はね、広島は七〇年、いや七五年たっても草木もはえん、とよく言われました。医者が言うとったんですよ。しかし、しばらくしたらはえてくる。鉄道がどこかから草木の種を運んでくるんですよ。草木の先の青い部分を団子にしてね、よく食べましたよ。だって他に食べるものがないんじゃから。闇市でも売っとりました。

僕は鉄道の脇にはえてくるたくましい草木を見て野球をやろうと思った。僕らみたいな若い者ができるこというたら野球くらいで、それで人々を元気付けようと思いました。幸い広島は昔から野球どころでしょう。広島中学（現広島国泰寺高）、広島商業、広陵……。本当は工業学校を出て土木屋になりたかったんじゃけど、それで目標が代わりましたね。

「市民あってのカープ」を忘るべからず

――初代監督の石本秀一さんは広島商出身。二代目の白石勝巳さんは広陵出身。二人についての思い出は？

長谷部　石本さんは僕らに対し、表だって大きなことは言わなかった。しかし、野球で広島を復興させたいという思いは、誰よりも強かったと思います。白石さんは言葉数の少ない人でした。でも芯は強かった。あの人が石本さんの陰となってチームを支えていました。人間的にも、ようできた人でしたね。

――長谷部さんは球団創設一年目から七年間プレーし、計六四試合に出場、通算一三安打を記録しました。主にキャッチャーの控えでした。その後は親会社の東洋工業の社員になります。今ならセカンドキャリアの成功例です。

長谷部　やめた年の九月頃ですかね。僕のバッティングのことが問題になったようです（通算打率一割六分三厘）。そりゃピッチャーのボールを受けてばかりで打撃練習させてもらえんのやから打てるようにならんのですよ。

それで（オーナーの）松田恒次さんから東洋工業に来い、という話になった。一応、野球やっとったもんやから特別待遇でもあるのかと思うたら、一切なし（笑）。一般の工員と同じようにテストを受けて入りました。

当時は東洋工業も人が足りんもんやから、テストを受けたら、早く来いという。一一月までに来てくれと。東洋工業は一五日が締めで、二五日に給料が支給されるんです。

確か翌年の一月やったと思いますが、カープと東洋工業の両方から給料もらいましたよ。

――配属はどういう部署でしたか？

長谷部　主に塗装ですね。工場は流れ作業で、（位置的には）完成に向かって海の方へと流れていくんです。僕の仕事は鉄についた油を脱脂してからベルトコンベアーに乗せる。ほらホイストってあるでしょう？

――ホイスト？

長谷部　クレーンみたいなヤツ。荷物を吊り下げて乗せていく。それを朝から晩までやる。これはえらかった（しんどかった）ねぇ。

――野球の練習より大変でしたか？

長谷部　あぁ大変じゃった。それに工場は残業が多かった。最初はトラック、続いて大衆車のファミリアをつくり始めた。車がよう売れるもんじゃから土、日も出勤でした。

――ところで野球をやめた後で、東洋工業に入った方は他にもいらっしゃったんですか？

長谷部　僕がおった時には三〇人くらいでしたね。だいたい皆、生産管理部でしたよ。

――長谷部さんは期せずしてカープの第一期選手にして、カープ出身の東洋工業第一号社員。二〇〇七年から二〇一三年にかけては長谷川良平さんの後を受けて三代目のＯＢ

会長も務められました。

長谷部　毎年一二月の第一土曜日にOB総会をやり、その後、懇親会になります。もう古い選手たちは、なかなかこっちまで出てこれんようになりましたね。その他、野球教室もやります。僕の後は安仁屋宗八君が引き受けてくれました。

二〇一八年は引退した新井貴浩君も来てくれると思います。実は新井君がつけていた背番号25の第一号は僕なんです。しかも県工の後輩とあって、とりわけ彼のことは気になっていました。これまでは現役ということもあって、ゆっくり話すことはできなかったんですが、今後のカープについて、本人からいろいろと話を聞いてみたい。また次の25番が誰になるかも大いに気になるところです。

――ところでカープのOB会長は民間大使として平和都市・広島のメッセージも発信していかなければなりません。長谷部さんは二〇一七年、市内で行われた「第三回ユース非核特使フォーラム」で講演もされています。どんなお話を？

長谷部　あれは外務省から僕に依頼があったんですよ。フォーラムには知事も市長も来るという。僕からすれば〝ほいで、何を話せばいいんじゃ〟となりますよ。もう最後は腹を据えました。先にも言ったように原爆を落とされ、焼け野原と化したまちを、どう復興するか。それには野球しかないじゃろう、という思いでやってきたという話をしました。それが僕なりの生まれ故郷への恩返しだったと。

しかし助けられたのは、むしろ僕たち選手や球団の方でした。カネもないのに皆が支えてくれたから今のカープがあるんです。それだけは忘れちゃいけんと思うてます。今の選手たちにも、そのことはしっかり伝えていきたいですね。

古葉竹識——初優勝含め四度優勝の名将が語る広島カープ

川上に憧れた熊本の少年

〝プロ野球の父〟と呼ばれる正力松太郎のエキスパンション（球団拡張）政策により一九五〇年に誕生した広島は、過去九回のリーグ優勝（うち日本一、三回）を達成している。今回の登場人物である古葉竹識は一九七五年の初優勝を含め、そのうちの四回で指揮を執った。三回の日本一は全て古葉の手に成る。

二〇一八年、当時八二歳の古葉に自らの野球人生と弱小球団から初優勝に至る道のりを振り返ってもらった。

——古葉さんは熊本の生まれです。済々黌高の内野手として一九五三年春の甲子園にも出場しています。

古葉　済々黌は熊本県内では最も古い高校で一八七九年にその前身が創立されています。ウチは兄も済々黌で、父親から「オマエたちは済々黌に進むんだ」と小さい頃から言われていました。文武両道の学校で、成績が悪いとすぐに落第させられる。野球部でも、一年上の先輩が同級生になったりしましたよ（笑）。

——熊本と言えば〝赤バット〟の川上哲治さんですよね。古葉さんが二歳の時に巨人に入っています。

古葉　僕が小学校の五、六年の時かな。よくラジオで巨人戦を聞いていました。絶対に将来はプロになりたい、できれば巨人に入りたい。熊本の野球少年は、皆そう思っていましたよ。

そうそう、川上さんと言えば、こんな思い出があるんです。僕がルーキーの時です。巨人戦でヒットを打って塁に出た。その場で（一塁を守っていた）川上さんに挨拶しました。「（ヒットを打って）申し訳ありません。僕も（川上さん同様）熊本生まれ、熊本育ちの男です。これからカープで頑張りますのでよろしくお願いします」って。

――どんな言葉が返ってきましたか？

古葉　「おお、オマエ熊本か」。それだけでした（笑）。

――「頑張れよ」とかは、なかったんですか？

古葉　なかったですね。でも、心の中では、そう思われていたんじゃないですか。僕からすれば、もう雲の上の人ですから、声をかけてもらえただけでうれしかったですよ。

――大学は専修大学に進まれました。

古葉　一年の春のリーグ戦から試合で使ってもらいました。大学は特待生でした。その年の夏です。高校のグラウンドで後輩たちを教えていたら、日鉄二瀬野球部監督だった濃人渉さんがきていて、僕の方から「採ってもらえませんか」と頼んだんです。

というのも、手広く事業を営んでいた父親が高校二年生になったばかりの頃に亡くなった。授業が始まる前に僕と一歳下の弟が先生に呼ばれ、「おとうさんの体調が悪化したようだから帰りなさい」と。家に帰ると、もう亡くなっていました。二人で大泣きしたことを覚えています。それからですね、大変な思いをするようになったのは……。それまでは羽振りがよかったんですが没落してしまい、母は随分と苦労しました。授業料は必要なかったんですが、それでも小遣いは送ってもらっていた。そのため、僕にはこれ以上、母親を苦労させたくない、という思いがあったんです。しかし、大学もそう簡単には辞めさせてくれない。四年生のマネジャーに相談したら「とにかく、秋のリーグ戦まではいろ」と。それで秋のリーグ戦が終わってから日鉄鉱業に入社したんです。

――確か濃人さんは広島の出身ですよね。広陵中（現・広陵高）から広島専売局を経て名古屋金鯱（きんこ）軍に入団されています。

古葉　その濃人さんと白石勝巳さん（当時の広島監督）が知り合いという関係から一九五八年にカープに入団したんです。

――契約の条件とかは覚えていますか？

古葉　いや、僕は契約に立ち会っていないんです。確か契約金が二〇〇万円、給料は一〇万円くらいだったんじゃないかなぁ……。

ただ、当時は二〇〇万あれば熊本に豪邸が建つ時代でした。父が亡くなってから大きな家を手離していたので、プロに入ってまた家を買いたいという思いで頑張りましたよ。

無念の骨折が生んだカープの〝走る野球〟

――足と守備力が買われて一年目から八八試合に出場しています。

古葉　足は小さい頃から速かったですね。小学四、五年の頃から駆けっこをしても負けたことがなかった。守備に関しては日鉄二瀬時代に濃人さんに随分とノックで鍛えられました。「プロに入ったら〝オマエすごいな〟と言われるくらいじゃないと使ってもらえんぞ」とよく説教されました。

――この年には、国鉄の大エース金田正一さんから広島市民球場でサヨナラホームランを放っています。

古葉　あれはルーキーの年ですか。プロに入って四年目くらいかと思っていましたよ。覚えているのは試合後、東京で巨人と戦うために夜行列車に乗った時のこと。当時は名古屋まで行き、一泊して東京に向かっていたんです。その電車にたまたま乗り合わせたのが金田さん。僕の顔を見るなり、「オイ、いくらもらったんだ?」と言うんです。僕がキョトンとしていると、「いっぱいもらったんだろう?」と。しばらくしてわかったんですが、当時はサヨナラホームランのような派手な活躍をした選手には賞金を出す球団が多かったんです。でも、カープにそういう制度はなかった。プロといっても、球団によって（待遇は）違うんだな、と実感しましたね。

――今でも語り草なのが、一九六三年の巨人・長嶋茂雄さんとの熾烈な首位打者争いです。まさに好事魔多しで、一〇月一二日、大洋・島田源太郎さんのシュートをアゴに受け、骨折してしまいます。これにより残り一三試合に出場できなくなり、長嶋さんに、わずか二厘差で首位打者を奪われてしまいます。最終的な打率は古葉さんが三割三分九厘、長嶋さんが三割四分一厘でした。

古葉　僕の記憶では、あの時のカウントは3ボール1ストライクでした。これはもう絶対に外角にストレートが来るだろうとヤマを張って踏み込むとシュートがくい込んできた。もう逃げる間もなかったですね。

――その後のことは覚えていますか？

古葉　病院に連れていかれ、レントゲンを撮ったらアゴの亀裂骨折ですよ。ちょうど四〇日間入院しました。

――古葉さんは「オレを待っているファンのためにも球場に行く」と言って、病院を飛び出そうとしたそうですね。

古葉　そんなこともありましたね（苦笑）。その時、長嶋さんから病院に電報が届きました。「キミノキモチヨクワカル　１ニチモハヤイゴゼンカイヲイノル」と書いてありましたよ。

――骨折の影響もあってか、翌年は打率二割一分八厘と全く振るいませんでした。

古葉　自分では意識していなくてもデッドボールの恐怖が残っていたんでしょうね。しっかり踏み込めなくなってしまった。その代わりと言ってては何ですが、僕はこの年、初めて盗塁王のタイトルを獲ったんです。

――五七個ですね。前年の三二個から大幅に増やしました。

古葉　先にも言いましたが、僕は昔から足には自信があったんです。濃人さんにも「プロに入ったら、どんどん走れよ」と発破をかけられていました。その一方、プロである以上、「打たなきゃ一人前じゃない」という意識もありました。ところがデッドボールが影響して全く打てなくなってしまった。給料を減らされないためには盗塁でもして、アピールするしかない。だからこの年は二盗だけじゃなく三盗もしています。

僕にとって幸いだったのは打てなくなって足に目覚めたこと。僕が監督になって〝走る野球〟を推進するのは、ここに原点があるんです。

初優勝――忘れられないセーフティーバント

――古葉さんは広島で一二年間プレーした後、南海にトレードされ、引退翌年の一九七二年は二軍、七三年は一軍で守備走塁コーチを務めました。古巣の広島には七四年に監督に就任した森永勝也さんからの誘いで戻ってきたと聞いています。

ところが森永さんは最下位の責任をとるかたちで一年で辞任。後を襲ったのが打撃コーチを務めていたジョー・ルーツでした。

古葉　森永さんには、コーチを引き受けるにあたり、「困ったことがあれば、何でも僕に言ってください」と言ったんですが、何の力にもなれなかった。一方、ルーツに関しては、コーチ時代、あまり監督に積極的に進言したりすることはなかったですね。

――ルーツはヘルメットや帽子の色を赤にかえるなど、チーム改革に熱心でした。赤はルーツによれば闘争心の象徴。しかし、ルーツ自身の闘争心がカラ回りしてしまい、判定をめぐって審判ともめ、それが原因で四月二七日の試合を最後に退団してしまいます。

その後、投手コーチの野崎泰一さんが一時的に代行監督を務め、開幕二〇試合目から古葉さんが指揮を執ることになりました。

古葉　先輩（野崎）はピッチャー出身なので、あまりサインを出した経験がなかった。だから先輩が代行監督の時から、僕がサードコーチャーズボックスからサインを出していました。僕としては南海でコーチをしていましたから、サインを出すことに違和感はなかった。だから球団から〝監督をやれ〟と頼まれた時も、〝チームのためなら〟という思いの方が強かったですね。

――球団創設二六年目にして、悲願の初優勝を果たしたのは一九七五年一〇月一五日。後楽園球場で巨人に4対0で勝利しました。優勝を決めたのは1対0の九回表に飛び出したゲイル・ホプキンスの値千金の3ランでした。

古葉　確かにホプキンスのホームランは印象的ですが、実はその前に大下剛史がファーストの前に絶妙なセーフティーバントを決めているんですよね。僕としては、こちらの方がより深く記憶に残っているんです。

――あれは古葉さんの指示だったと？

古葉　そうです。場面は一死一塁。内野を見るとワンちゃん（王貞治）が普段より後ろに守備位置をとっていたんです。併殺を狙っていたんでしょうね。そこで僕は、目で大下に〝ファーストの前に転がせ！〟と合図した。最初、大下は〝何しているんだ？〟と怪訝な表情を浮かべていましたよ。

――そのことは大下さんにも聞きました。大下さんは一塁ランナーがピッチャーの金城基泰さんだから、最初は〝おかしいな〟と思ったそうです。で、もう一度、サードコーチャーズボックスの古葉さんの方を見ると視線がファーストの方を向いている。〝ほいじゃ、やってみるか〟となったと聞きました。

古葉　あれは僕の長い監督人生の中でも忘れられないプレーのひとつですね。機動力で相手をかき回すのは、ずっと僕が目指していた野球。しかも、優勝がかかった大事な試合で飛び出したプレーですから、〝よし、やった！〟と心の中で叫びましたよ。

育てた三人のスイッチヒッター

――初優勝を果たした一九七五年、カープの盗塁数一二四はリーグ最多でした。主軸の山本浩二さんや衣笠祥雄さんでも、スキあらば、とばかりに走っていました。

古葉　これはね、僕が内野をやっていたからわかるんですけど、足の速い選手がファーストにおる、セカンドにおるというだけで、ピッチャーの投げ方も変わってくるんです。ピッチャーは走られたくないもんだから、少しでも早く放ろうとする。するとコントロールが甘くなり、打たれる確率が高くなる。ランナーは実際に走らなくても、走るぞ、走るぞという姿勢を見せるだけで、ピッチャーはプレッシャーを感じるものなんです。

――古葉さんはランナーにベースに戻れるぎりぎりまでリードをさせていましたね。

古葉　中には牽制のうまいピッチャーもいますが、それは一握りです。ほとんどのピッチャーはバッターに向かって投げることに必死になっている。だから足のある選手には、「大きなリードをとるだけでもピッチャーには脅威を与えているんだぞ」と教育しました。

――そうした指導の下、古葉カープからは高橋慶彦、山崎隆造、正田耕三ら足のあるスイッチヒッターが育っていきました。

古葉　この三人は、ある意味、僕の作品ですね。左だけならサウスポーが出てきた時、代えなければいけない。しかしスイッチヒッターなら左のリリーフが出てきても、そのまま打席に送り出すことができる。打順を組む上でスイッチヒッターの存在は不可欠と考えていました。

――古葉さんが最初に手がけたスイッチヒッターは高橋慶彦さんでした。

古葉　彼はもともとピッチャーでした（一九七五年にドラフト三位で城西高から入団）。しかし足が速いということで、カープでは野手として育てることになっていました。ところが、その頃、外野に空きはなかった。センターは〝ミスター赤ヘル〟の山本浩二です。ライトは外国人の指定席。七九年、八〇年の連覇の時にはジム・ライトルという強肩強打の選手がいました。レフトは七八年に首位打者を獲得する水谷実雄。彼らがいる限り、外野でレギュラーの座を確保するのは無理です。最低でもレギュラーをとるには五、六年はかかったでしょう。

翻って内野にはチャンスが転がっていた。セカンドの大下は全盛期を過ぎ、ショートの三村敏之も動きが鈍くなっていました。そこで本人に「オマエ、スイッチの練習をしろ」と命じたんです。「オマエの足なら、サードやセカンドの前にポンとバントをすると、全部セーフになるぞ」と。守りは素人でしたが、肩は強かった。それでショートとして育てたところ大成功しましたね。

——高橋さんがエラーをすると古葉さんがベンチ裏で蹴飛ばしていた、という話を聞いたことがあります。

古葉　いや、あれはかわいがっていただけですよ（笑）。

遺影が見守った優勝パレード

——話を初優勝に戻します。後楽園での胴上げはファンも参加しました。それだけファンが優勝を待ち焦がれていたんでしょうね。

古葉　あの時は、いきなりお客さんが外野フェンスから飛び降りてきた。そのまま僕の方に向かってガンガンくる。気がつくと僕の下にいるわけですよ。僕はもう心配で、降りなきゃいけない、降りなきゃいけないと思っているうちに胴上げが終わった。こんな胴上げを経験したのは僕くらいのものでしょう。

——広島市内での優勝パレードには三〇万人が集まりました。当時の広島市の人口が約八五万ですから、三人にひとりが沿道に出た計算になります。このパレードは古葉さんのアイデアだったとか？

古葉　いや、あれは僕を応援してくれていた人たちが「優勝したら皆がひとつになってパレードしたいな」と言ってくれたんです。その話を松田耕平オーナーに伝えました。感動的だったのは、沿道の人たちが遺影を持って立っていらっしゃったこと。戦争や原爆で亡くなった人たちの遺影なんです。「ウチのとうちゃんが喜んでるよ」とか言いながらね。それを見て僕も涙が出ました。

――優勝パレードはその後行われず、二度目は二年前、二五年ぶりのリーグ優勝を果たした後でした。

古葉　そうなんです。僕は一九七九年、八〇年、八四年と三度日本一になっているんですが、その時は行われませんでした。そして二度目が二〇一六年。地元のテレビ局から依頼があり、パレードの模様を見たんです。昔を思い出して、この時も感動しましたね。

――この時に集まったファンは約三一万人（主催者発表）。今の広島市の人口は約一一九万人ですから、七五年の熱狂ぶりがより浮き彫りになります。

古葉　確かにそうですね。あの時代に三〇万人とは……。ありがたい、としか言いようがないですね。

衣笠に連続フルイニング出場の終わりを告げた日

――連続試合出場の〝世界記録〟を更新し、国民栄誉賞にも輝いた衣笠祥雄さんが二〇一八年四月二三日、上行結腸がんのため死去しました。七一歳でした。

衣笠さんは一九七五年、七九年、八〇年、八四年と古葉政権下で四度のリーグ優勝、三度の日本一を達成した際の主力選手です。訃報に接して古葉さんも随分ショックを受けられたのでは……。

古葉　僕は亡くなる三カ月前に本人に会っているんです。ちょっと声が出ていなかったので、「オマエ大丈夫か？」と聞いたら、「大丈夫です」と。で、亡くなる四日前かな、テレビで解説していた。その時は、もう全くといっていいほど声が出ていなかったので、心配になりました。まさか、そこまで悪かったとは……。

——衣笠さんの連続フルイニング出場記録が途切れたのが、カープが初めて日本一になった七九年のシーズンです。開幕からスランプに喘ぎ、ついに五月二八日、六七八試合でストップしました。衣笠さんは、「あのまま試合に出続けていたら僕はおかしくなっていたかもしれない。その意味では本当に古葉さんに感謝しています」と語っていました。

古葉　忘れもしない岡山遠征に向かう新幹線の中です。衣笠に、「悪いけど、あとでオレの部屋に来てくれ」と告げました。

——衣笠さんによると、部屋の中で古葉さんが、「サチ（衣笠の愛称）、今日は休もうか」と切り出したそうですね。

古葉　そうです。続けて、こう言いました。「悪いけど全イニング出場の記録は、ここで一度切らせてもらう。そのかわり、連続試合出場の記録だけは、どんなかたちであれ続けさせるから」と……。

――衣笠さんの反応は？

古葉　彼はもう覚悟していたみたいですね。「監督の思うようにやってください」と言いましたよ。

――それに関して、衣笠さんの盟友の江夏豊さんが、こんなことを言っていました。「あの頃、インベーダーゲームというのが流行っていて、サチが寝ていたら、夢の中であの上から落ちてくる爆弾みたいなものが飛んでくるんだと。それでサチが打ち返そうとバットを一生懸命振っているんだっていうのよ。あれを聞いたとき、これは相当苦しんでるなと思ったね」。

衣笠さんは夢の中でも懸命にバットを振り続けていたそうですが、全部空振りだったそうです（笑）。

古葉　それくらい苦しんでいたんでしょうね。でも、スタメンからはずしたことが、結果的には成功しましたよ。五試合くらいしてからバッティングがよくなってきましたからね。重荷を下ろしたことで精神的に随分、楽になったんじゃないでしょうか。

――衣笠さんによると、ベンチに座ることで今まで見えなかったことが見えるようになったそうです。

これについて本人はこう語っていました。「ベンチに座っていたら、ヒットというのはカキーンといういい当たりだけではなくて、グチャッとかポテッというのもヒットはヒットだとわかってくるようになるんだよね。野手の間をコロコロと抜けていっても、あれもヒットなんだと。〝オレ、あんなヒットで喜んでいたかな？〟と思うと、喜んでないの。その自分の高慢さに気がつくわけよ。ヒットなんだから素直に喜べよと。カキーンという当たりしか喜んでなかったそれまでに自分は高慢ちきだったよ」。

古葉　監督にとってケガをしない、いや少々のケガなら試合に出続けてくれる選手というのは本当に助かるんです。スタメン表に名前を書くとき、迷わなくてすみますから。山本浩二もそうですが、強い頃のカープには、そういう選手が多かった。衣笠や浩二のおかげで、〝痛いのかゆいの〟という選手は、当時のカープにはいなかったですね。

江夏を苛立たせたあの時の胸の内

――監督は時に非情とも思える決断をしなければなりません。その典型的な例が七九年の近鉄との日本シリーズ第七戦です。4対3と広島1点リードで迎えた九回裏無死一、三塁の場面で古葉さんはブルペンに北別府学投手と池谷公二郎投手を走らせます。マウンド上からこれを見た江夏さんは、「オレを信用していないのか」と激怒し、冷静さを失いかける。これは危険だと察知した衣笠さんがファーストから駆け寄り、「やめるんなら一緒にやめてやる」となだめ、それにより立ち直った江夏さんが無死満塁のピンチを切り抜け、カープを初の日本一に導く――。このシーンは、今も語り草です。

古葉　おそらく江夏の中には〝ここで代えられるのか〟という気持ちがあったのかもしれませんね。もちろん、僕にそんな気持ちは全くなかった。うちに江夏以上のピッチャーはいませんでしたから。

ただ監督の仕事として、同点になった場合、次の江夏の打席ではピンチヒッターを使わなきゃいけない。延長にもつれ込む可能性もありましたから、次のピッチャーを用意しなければならんわけですよ。だから北別府と池谷には〝投げられるように一応体だけはつくっておけよ〟といってブルペンに送り出したんです。

監督はあらゆる状況を想定して、次の手を打たなければならない。後になって、ああしておけばよかった、こうしておけばよかったと言っても、もう遅いんですよ。

――例の〝江夏の21球〟の場面に話を戻せば、一死満塁で江夏さんがスクイズを外します。バッターは石渡茂さん、三塁ランナーは俊足の藤瀬史朗さん。スクイズを察知したキャッチャーの水沼四郎さんが立ち上がると、江夏さんはカーブの握りのままウエストボールを放りました。

古葉　あの時、僕は「相手のベンチなんか見なくていい。三塁ランナーの動きだけ見ておいてくれ！」とベンチの選手たちに指示を出したんです。だから藤瀬がスタートを切った瞬間、全員が「外せ！」と叫び声を上げたんです。その声が江夏や水沼に届いたと信じています。

――江夏さんの機嫌は、しばらくなおらなかったそうですね。

古葉　翌年のシーズン前に、「監督、オレは去年のことがまだ頭から離れないんや」と言ってきました。でも丁寧に説明したら、わかってくれましたよ。

広島カープは平和の象徴

——古葉さんが四度のリーグ優勝と三度の日本一を達成したカープの本拠地、広島市民球場は一九四九年に施工された「広島平和記念都市建設法」に基づいて建設されました。球場の南側にはメインストリートの相生通りをはさんで原爆ドームが威容を誇っています。元は「広島県産業奨励館」と呼ばれた建造物で、一九四五年八月六日、この建物の上空六〇〇メートルで原爆が炸裂しました。この南には「祈りの泉」と名付けられた噴水もあります。また原爆ドームから平和記念公園内の慰霊碑、平和記念資料館を結ぶ夕テ軸は「聖なる軸線」と呼ばれ、それ自体が慰霊の意味を含んでいるとも言われています。

古葉さんは広島に原爆が投下された八月六日に日本テレビ系の番組で峠三吉の『原爆詩集』の「序」(「にんげんをかえせ」等の詩句で有名)を朗読されたことがあります。監督時代は平和へのメッセージを積極的に発信されていました。

古葉　先にもお話ししたように、僕は熊本で空襲にあっていて、誰よりも戦争の恐ろしさを知っているんです。そしてウチの女房も被爆しているんです。それで家を失ったりもしています。女房は苦労話をあまりしたがりませんが、あの時代は誰もが大変な思いをしているんですね。

監督時代、僕はいつも球場に入る前、平和公園を回って原爆ドームの前で手を合わせていました。テレビで詩を朗読したのも、戦争の恐ろしさを知らない世代のコーチや選手が増えてきて、平和の尊さを伝える義務が僕らの世代にはあると考えたからです。広島にとって野球は、そしてカープは平和の象徴なんですよ。

大下剛史――東映からカープへ。昭和プロ野球の裏側

ルーツが望んだ大下獲得

二〇一六年、広島カープが二五年ぶりにリーグ優勝を達成した。ファンの中には、この優勝を一九七五年の初優勝に重ねる向きが少なくない。あの時は球団創設二六年目での悲願達成だった。

七五年、不動のリードオフマンとしてチームを牽引したのが大下剛史である。地元出

身の大下は七四年のオフに、日本ハムからトレードで移籍してきた。

アマチュアの名門・広島商、駒澤大で持前の俊足好打好守を磨き、〝暴れん坊軍団〟と呼ばれた東映では切り込み隊長として活躍した大下は、どのようにして広島を変えたのか。洗いざらい語ってもらった。

——東映で一年目からレギュラーとして活躍し、日拓・日本ハムとチーム名を変えながらもスタメンを張っていた大下さんが七四年オフ、トレードで広島に移籍してきたことは驚きでした。何が原因だったのでしょう。

大下　結局は水原茂と三原脩の確執ですよ。僕は水原のオヤジさんに世話になっていたので、七三年に球団社長に就任した三原さんにすれば水原色を消したいという狙いがあったんじゃないかな。

おもしろい話があってね、ワシが広島からトレードを打診された直後に（東映時代からの先輩の）張本勲さんから電話が入ったんです。「剛史、このトレードはすぐに断れ。行くんやない！」と。そんなこと言われても、こちらはどうすることもできない。

ワシの次は大杉勝男さん、そして張本さんと相次いで、主力がトレードでチームを去っていった。時間をかけて三原さんは水原色を一掃したんです。

――七四年オフに広島の打撃コーチから監督に昇格したジョー・ルーツが大下さんのプレーを買っていたという話を聞いたことがあります。

大下　それはワシも後で知ったんだけど、七四年のカープとのオープン戦で、ワシがコーチの制止を振り切って走ったシーンがあったらしい。それを見ていたルーツが、監督になる条件のひとつとして「オオシタを獲ってくれ」と球団に頼んだというんです。「オオシタのプレースタイルはオレのやる野球にマッチしている」とね。

――トレードではレギュラークラスの渋谷通、上垣内誠との二対一でした。大下さんへの期待の大きさがわかります。

大下　これも後で聞いたんじゃけど、球団代表の重松良典さんは契約書にハンコを押す時、手の震えが止まらんかったらしいよ。球団にすれば、ひとつの賭けだったんでしょう。

――大下さんは広島の出身です。地元は歓迎ムード一色だったのでは？

大下　七四年の秋に、ミスター（長嶋茂雄）が引退して、V9を達成した川上哲治さんも監督を退くことになった。川上さんの最後の雄姿ということで日米野球の指揮を執ることになった。ワシもオールジャパンのメンバーに選ばれた。

普通なら、トレードが決まっても、前のチームのユニホームで出るでしょう。ところがワシに対してだけ、「カープのユニホームを着て出てくれ」と。広島で試合があるから、その方が盛り上がるじゃろう、と言うんです。ワシにとっては地元やし〝よう帰ってきたのォ〟という歓迎ムードが背景にはあったんでしょうね。

——七四年のオフというと、まだ紺のユニホームですね。

大下 そうよ、紺のユニホーム。ところがルーツが指揮を執る翌七五年から赤い帽子になった。これは恥ずかしかったね。まぁ、ルーツの発想はすごかったよ（笑）。

——ルーツのキャリアを調べるとカープにくるまではインディアンズのコーチをしていました。そのころ、メジャーリーグで圧倒的な存在感を発揮していたのが、〝ザ・ビッグレッドマシン〟の異名をとったレッズです。ルーツはレッズの指揮官スパーキー・アンダーソンを意識していたという話があります。

大下 あぁ、なるほどね。きっとそういうことじゃろうね。スパーキーもそうだけど、まぁルーツも大変な激情家やった。本拠地での開幕戦だったかな。相手は巨人。ワシはヒットの打球を、ペペンと走って二塁打にした。試合に勝って風呂に入っていると、いきなり果物かなんかをワシにバンと投げつけ、「これ、全部食べろ！」と言うんです。ルーツなりの感謝なんでしょうけど、〝変わっとるヤツやなァ〟と思ったもんですよ。

ルーツの熱とホプキンスの研究心

――大下さんが移籍してきた時のカープの雰囲気は？

大下　主力いうても山本浩二とサチ（衣笠祥雄）はワシより二つ下。子供の頃から知っている（三村）敏之は、四つ下じゃ。言ってみれば、まだまだヒヨコですよ。ワシがリーダーの役を果たすことができたのは、やはりワシが広島生まれの広島育ちやったからですよ。そうじゃないと選手はついてきません。ただ、いろいろと苦労はあったけどね……。

――苦労した点というのは？

大下　キャンプがスタートして一〇日くらいたった時のこと。いまは〝三勤一休〟とか〝四勤一休〟とか、キャンプが始まる前に休みを決めておくけど、ルーツは一日も休みを設けんかった。

――そりゃ、選手から不満が出るでしょう？

大下　だから浩二とサチがワシのところにきて「先輩、監督に〝休みをくれ〟と言うてください」と頼むんです。「監督が言うことを聞きそうなのは大下さんくらいですから」と。

それで代表してワシが言いに行ったら「オマエら、昼からずっと休んどるじゃないか。まだ休みが欲しいんか?」と。確かに休みはなかったけど、レギュラークラスの選手は、昼過ぎには、もうあがっていた。ルーツにはルーツなりの考えがあったんじゃろうね。

――ルーツは闘争心を前面に出す監督でした。一方で、緻密な野球は、それほど得意ではなかったとも聞きます。シーズン途中で監督になる古葉竹識さんも、そうおっしゃっていた。

大下　ルーツが好きなのはハッスルプレー。自らが、わざわざダイビングの見本をやるわけよ。「オマエらに一番欠けているのはファイティング・スピリットじゃ」と。もう、それぱっかり。内野のフォーメーションもクソもないよ。そういう細かいことは、あまり知らなかったんじゃないの……。

――七五年と言えば新外国人のゲイル・ホプキンスとリッチー・シェインブラムも活躍しました。

大下　ワシが印象に残っているのはホプキンスじゃね。あれは頭がよかった。ポジションはファーストやから、ワシの横で守っとるわけよ。それほど動きがよかったわけじゃない。しかし研究心はピカイチじゃった。ワシに何と言ったと思う。「ピッチャーがカーブを投げる時は、ワシに教えてくれ」と。ファーストのポジションからじゃ、キャッチャーのサインが見えない。それでワシに頼んできたんよ。

こんなこと言う外国人は初めてじゃったね。そこで、バッターが左の時、カーブのサインが出ると、ワシは「ゲイル！」と声をかけた。するとアイツ、さっとライン際に寄るわけよ。引っ張る確率が高くなるからね。引退後は医者になっただけのことあるね。アイツは大したもんじゃったよ。

――チームを改革したルーツですが四月、審判の胸を小突いて退場。これが原因でチームを去ることになります。まさに劇薬でした。

大下　甲子園での阪神戦で審判ともめて、代表の重松さんが球場に入ってきた。「グラウンドの指揮官は監督だ」と言った最後のセリフ、よう覚えていますよ。まさか、あそこでやめるとは思わんかった。だけど短期間でチームを変えたのは、何やかんや言うてもルーツの功績ですよ。ただルーツがあのまま居座っていたら、チームはどうなっていたかわからんね……。

あの年の不思議な出来事

――一九七五年の初優勝でカギになった試合は？

大下　六月一九日のヤクルト戦じゃろうね。この試合までカープは五連敗しとった。もう投げさせるピッチャーがおらん。それで監督の古葉（竹識）さんがワシと（山本）浩二とサチ（衣笠祥雄）を呼んで「明日は、若い永本（裕章）を投げさせようと思うんだ」と言ったんだ。

――永本さんは四年前に地元の盈進高からドラフト二位で入団したピッチャーで、ボールは速いがノーコンで通っていました。

大下　そうそう。それで古葉さんは、こう続けた。「もう、これ（永本）しかおらんから負けてもいい。なんならオマエらは休んでもええぞ」と。

――いわゆる〝捨てゲーム〟だったわけですね。

大下　その試合にカープは3対1で勝ったわけよ（永本は六回三分の一を投げ勝利投手に）。それでカープは勢いに乗った。優勝する時というのは、こういう不思議な勝ち方があるんじゃろうねぇ……。
——予期せぬ戦力と言えば、アンダースローの金城基泰さんがそうでした。前年の七四年には二〇勝（一五敗）をあげ、最多勝に輝きました。ところがその年のオフ、交通事故に遭い、失明の危機に見舞われました。その後、薬の副作用と戦いながら八月に復帰を果たし、貴重なリリーフとして活躍しました。一〇月一五日、優勝を決めた後楽園球場の最後のマウンドに立っていたのが金城さんでした。

大下　まさか金城が戻ってくるとはねぇ……。古葉さんも、失明の危機に見舞われたピッチャーを、胴上げ投手に使うんじゃから、采配自体が神がかっていたね。ワシら守っていても鳥肌が立ったからね。優勝を決めた試合は八回途中から出てきた。ワシの顔を見るなり金城は笑いながら、こう言うたよ。「大下さん、ワシは打球が見えんのじゃけん、ピッチャーゴロでも安心しなさんなよ。バックアップにきなさいよ」ってね。

優勝を呼び込んだセーフティバント

——初優勝を果たした歴史的な一〇月一五日を振り返りましょう。東京・後楽園球場。試合は淡々と進み、九回表へ。スコアはカープの1対0。二死一、二塁の場面で打席には三番ゲイル・ホプキンス。巨人のマウンドは左腕の高橋一三さん。フルカウントから放たれた打球は快音を発してライトスタンドへ。事実上の優勝を決めた3ランでした。ネクストバッターズサークルにいた山本浩二さんはバットを放り投げて万歳しました。広島中が泣き、叫び、放心した歴史的瞬間でした。

このホプキンスの3ランを演出したのが、トップバッターの大下さんです。一死一塁の場面で打席に入った大下さんはファーストの王貞治さんの前に絶妙なセーフティバントを決めました。古葉さんは「僕が大下に、〝ファーストの前に転がせ〟と合図したんです」と語っていました。

大下　あの時、ピッチャーは倉田誠からサイドスローの小川邦和に代わっていた。サードコーチャーズボックスに入っていた古葉さんからバントのサインが出た。おかしいな、と思ったよ。だって一塁ランナーはピッチャーの金城やから……。

で、よく見ると古葉さんの視線がファーストを向いている。ほいじゃ、やってみるか。当時の後楽園の内野は芝生やったから、一塁側のええところに転がったよ。結局、内野安打。あれがホームランの呼び水となったんやな。

――優勝の瞬間は？

大下　ワシはすぐロッカーに入ったね。大泣きしている浩二に向かって、「なんで、泣くんか。バカやね」というくらい冷静やった。

――選手とともにファンも古葉さんを胴上げしていました。球場のフェンスを越えてお客さんがなだれ込んできていました。

大下　そうそう。（選手より）ファンの方が多かったんじゃないかな。ワシはロッカーにおったから胴上げには参加しとらん。というより、優勝の経験のないヤツばかりだから、胴上げの仕方もわからんかった。

――ファンと言えば、その代表格が月刊「酒」の編集長の佐々木久子さんでした。今でいう〝カープ女子〟のはしりですね。

大下　その頃、カープの東京の宿舎は両国にあるパールホテルやった。そこに佐々木さんがやってきて、「剛史くん、アンタはようやった」と言ってくれた時だけ、ちょっとウルっときたかな。まぁ、その程度のもんですよ。

阿吽の呼吸

――七五年のシーズンに話を戻しましょう。大下さんは一一七試合に出場し、打率二割七分。四四盗塁で自身初の盗塁王にも輝きました。ベストナインとダイヤモンドグラブ賞（現ゴールデングラブ賞）にも選ばれました。

大下　盗塁王に関していえば、当時のセ・リーグには肩の強いキャッチャーがおらんかった。それに、今のようにピッチャーがクイックで投げないから走りやすかったね。

――広島商の後輩にあたる三村敏之さんとの一、二番コンビも絶妙でした。

大下　二人だけで、ようアイコンタクトをしたもんです。〝これは走れんな〟と思ったら、〝最初から打て〟とサインを出す。逆に走れそうだと思ったら敏之に〝待ってくれよ〟と目で伝えました。

――阿吽の呼吸ですね。

大下　敏之は同じ町内の生まれで子供の頃から知っているから、何も言わなくても通じ合えるものがあった。ワシも黙っているし、敏之も黙っている。それでも目を見れば何を考えているかがわかる。これは守備（大下がセカンド、三村がショート）についても、同じことが言えたね。そう言えば日本シリーズ前には「これはおまけじゃ。いっぺんに日本一になったらいけんじゃろう」と敏之と二人で話していたら、本当にそのとおりになったよ（対阪急〇勝四敗二分け）。

――当時、パ・リーグとセ・リーグの野球を比べた時、前者の方が荒っぽく、後者は細かいと言われました。これは当たっていますか？

大下　確かにそう言えるやろうね。全ての面でセ・リーグの野球の方が細かかった。一方、パ・リーグはよく言えば力勝負、悪く言えば大まか。（パ・リーグの方が）お客さんが少ないから、チームプレーよりも個人の力を優先させるようなところがあったね。

――初めて経験するセ・リーグの野球にもかかわらず、二割七分、四四盗塁は見事です。

大下　いや、それでも打てんピッチャーは多かったよ。一番、嫌だったのは阪神の江夏豊。インハイ、インロー、アウトロー、アウトハイと定規で計ったようにギリギリのところを突いてくる。

ワシは非力やったから、インハイのボールが打てんかった。それがわかると、そこばかりせめてきた。豊とは七八年にカープで一緒になった。その時に、ワシにこう言ってきたよ。「アンタ、ワシのことが嫌いやろう。アンタの攻め方はわかっとる。ここ（胸元）に投げればええんじゃ」って……。

――大下さんは内野のリーダーとして守備でもチームを支えました。

大下　守備はね、ワシはセンスやと思う。打席に入ったバッターを見て、足の出方ひとつで何を狙っているか、どの方向に打ちたいかがわかる。自分のカンが研ぎ澄まされている時は、〝絶対に自分の近くは抜かれん〟という自信があったね。

——江夏さんからも、よく相談を受けたそうですね？

大下　アイツは賢い男やった。抑えのマウンドに上がって、じっと考えている。と、しばらくしたら、セカンドのワシのところにノッシノッシと歩いてくるわけよ。「ゴウやん、こんな時、バッターはどんな気持ちでおるねん？」「それゃ、このケースやったら、右に押っつけてくるやろう」「よし、わかった。ありがとう」。いつも、こんな感じよ。ワシの知る限りでアイツほど頭を使って投げるピッチャーはおらんかったね。

東映時代——水原監督の抜擢

——大下さんは名門・広島商の出身ですが、甲子園出場の経験は？

大下　僕は一度も行ってない。三年の時は「東の作新学院、西の広島商」と呼ばれるくらい強かった。同期には大倉英貴（阪神）や上垣内誠（広島－日本ハム）もおったからね。でも県予選で負けた。一方の作新は八木沢荘六（ロッテ）らがおって春夏連覇。三人もプロに行く選手がいながら甲子園に行けんかったというのは、何かが足りんかったんでしょう。

──高校時代のポジションは？

大下　僕は中学時代からずっとショートよ。子供の頃から野球が好きで、壁にボールをぶつけては捕る練習をやっていた。足も速かったな。運動神経もええ方やったと思うよ。

──高校卒業後、駒澤大学に進んだきっかけは？

大下　僕より三つ上に松村正晴さん（巨人－東映）という先輩がおって、その人が駒澤に進んだ。今でこそ駒澤といったら大学球界の強豪だけど、当時はそんなに強くなかった。

──大学四年秋には東都大学野球リーグで首位打者に輝いています。プロからの誘いも多かったのでは？

大下　いや、僕は日本石油（現ＪＸ－ＥＮＥＯＳ）に就職が決まっていた。ウチのオヤジとも、日石に行く約束をしていた。ところが東映から二位で指名された。社会人を軸にしてプロに進んだのは、今になって考えれば、やはりプロ野球に対する憧れが強かったんやろうね。

──ドラフト一位は中央大学のエース高橋善正さんでした。

大下　彼とは神宮でよく対戦したよ。あんなにえげつないシュートを投げるピッチャーはおらんかった。〝うわぁ、すごい！〟と思わず腰を引いたもんね。特に一、二年生の頃の切れは抜群やった。結局、プロで何勝したの？　六〇勝？　大学行かずにプロに進んでいたら、相当勝っとったやろうな。

――高橋さんといえば、一九七一年八月、西鉄相手にプロ野球史上一二人目の完全試合を達成しています。この時セカンドを守っていたのが大下さんでした。

大下　九回に〝あわや〟という場面があった。米山哲夫のライナー性の打球がセンター方向に飛んだ。パーフェクトゲームなんて、経験するとしても一生に一度くらいでしょう。中途半端に行くくらいなら飛び込んでしまえ、と思って飛び込んだ。これがよかったんやね。グラブの網に引っかかっとった。

――かつて東映といえば、〝暴れん坊軍団〟と呼ばれていました。主力選手はピッチャーでは土橋正幸さん、森安敏明さん、金田留広さん、高橋直樹さん、野手では張本勲さん、大杉勝男さん、白仁天さん、種茂雅之さん、毒島章一さん……そうそうたるメンバーですね。そんな中、小技のきく大下さんは、チームにおいて毛色の違った選手でした。

大下　監督が水原茂さんじゃなかったら、僕みたいな小さな選手は使ってもらえんかった。当時の東映はバッティングはよかったけど、〝ザル内野〟と揶揄されるほど守りはひどかった。水原のオヤジも内野手だったから、守りを何とかせんといかん、と思うとったんじゃろうね。

——当時、東映は静岡県の伊東でキャンプを張っていました。そこで水原監督のお眼鏡にかなったと聞きました。

大下　その頃はね、昼頃になると、伊東の芸者衆がキャンプを見に球場までやってくる。水原のオヤジは、ノックする姿がカッコイイんよ。それを見た芸者衆はキャーキャー言っとる。「監督さん、ノックしてえよ」「ノックする姿を見せてえよ」と声がかかるたびにオヤジは、その声援に応えようとする。今じゃ考えられんことでしょう。

——今、そんなことやったら大問題になりますよ。

大下　そりゃ、そうやろうね（笑）。で、その時、僕は外野で球拾いをやっていた。張本さんがひとりでガンガン打っている間、僕らはずっと球拾い。今のように時間を割り振るような練習ではなかったからね。

しばらくすると、水原のオヤジの声が聞こえてきた。「レフト守っているヤツを、一番に呼べ」と。芸者衆向けのノックの一番手に僕は指名された。オヤジは芸者衆にええ恰好をしたいから、三〇分たってもノックをやめない。しかも芸者衆たちと会話をかわしながらやるんです。

それで僕もだんだん腹が立ってきて、オヤジにバッとボールを投げ返してやった。そしたら、オヤジの顔色が変わったね。〝アレッ⁉〟という顔付きになった。

——水原さんは、「コイツ、なかなか根性あるな」と思ったんでしょうか？

大下　そこまで思ったかどうかはわからんけど、僕に興味を持ったことは確かやろうね。だから、人間、何が幸いするかわからんのよ。伊東キャンプでの、この一件がなかったら、僕は使ってもらえんかったやろうし、プロで一二年やることもなかったやろうね。

——守備には学生時代から自信があったんでしょうか？

大下　自信があるといっても、プロでやったわけではない。プロで実際にやってみて、ある程度、結果を出さなければ、本当の自信なんて得られませんよ。

僕が水原のオヤジに使ってもらうようになったきっかけは高松でのオープン戦。オヤジの地元ということで組まれた試合やった。僕はベンチスタートやった。何回か忘れたけど無死一、二塁の場面で、いきなりオヤジから「おい、チビ。ショート行け！」と言われた。こっちは何の準備もしていない。

いきなり三遊間に打球が飛んできた。それをダイビングキャッチして内野安打で止めた。これで無死満塁。次のバッターはショートゴロ。これを捕って6－4－3のゲッツー。それを見たオヤジは〝こいつは使える〟と思ったんじゃないかな。

――一年目の成績は一三三試合に出場して、打率二割六分九厘、盗塁二八。非力といわれた大下さんですがホームランも五本放ち、四五打点を記録しています。ベストナインにも輝きました。

大下　先にも言ったように、当時の東映の内野はザルだったから、余計に僕が目立ったんじゃないの。それもこれも水原のオヤジのおかげですよ。

――ただ、その水原さん、六七年限りでチームを去り、六九年から中日の指揮を執ることになります。

大下　これはびっくりしたね。オヤジには愛知県豊田市に有力な後援会があった。その後援会が中日の監督にと推薦したらしい。実はオヤジに「オマエも一緒に中日に来い」と言われたんです。しかし、いくら何でもプロに入って二年目の選手を出すわけがない。結局、東映では広島に移籍するまで八年間プレーしたのかな。

――ショートからセカンドに転向したきっかけは？

大下　六九年に亜細亜大学から大橋穣が入ってきた。こいつのショートの守備は天下一品やったね。派手さはないけど、グラブ捌きが堅実、肩も強かった。僕が二塁にコンバートをされ、二遊間コンビを組むようになってから、ボールを捕ってからのプレーも速くなったね。僕のプレーを盗んだんじゃないかな（笑）。それは冗談として、お互いに刺激し合ったものですよ。

――大下さんといえば隠し玉の名手。印象に残るシーンは？

大下　あれは榎本喜八さん（毎日・毎日大映・東京・ロッテ、西鉄）をアウトにした時かな。セカンドランナーの榎本さんは、全くボールを見ていない。それで榎本さんにゆっくり近づいていって、〝ホレ〟とタッチすると「どうした大下？」とか言って全然、気付いていない。やっとアウトになったのがわかって〝オォー〟っとびっくりしていましたよ。あの人のことだからバッティングのことばかり考えていたんじゃろうね。

九一年日本シリーズのあの時

――現役引退後、大下さんは一九七九年から八一年までは二軍守備走塁、八二年から八三年までは一軍守備走塁、八九年から九一年まで一軍ヘッド、九九年にも一軍ヘッドと広島のコーチを歴任しました。この間三回のリーグ優勝と二回の日本一に貢献しています。

個人的に印象に残っているのは九一年の日本シリーズです。相手は西武でした。三勝二敗で迎えた西武球場での第六戦。1対1の同点でゲームは六回裏まで進みました。二死満塁の場面で山本浩二監督は、第五戦に八回一〇四球を投げて勝利投手となったばかり、中一日の川口和久さんをリリーフに送りました。

結局、この継投は失敗に終わりました。代打の鈴木康友さんにレフト前に弾き返され、1対3に。このゲームを1対6で落とした広島は、第七戦にも敗れ、七年ぶりの日本一はなりませんでした。これは結果論かもしれませんが、あそこで川口さんを無理させる必要があったのか……。

大下　当時は日本シリーズも予告先発制じゃないからね。僕は第七戦で左の川口か右のピッチャーか、相手からすればどっちがくるかわからんような作戦を描いていた。

ところが、あのピンチの場面、浩二がどうしても川口で行きたがるのよ。僕は、「川口は明日でしょう」と返した。しかし、「行きたい。今日で決着を付ける」と言ってきかない。いくら僕がヘッドやと言うても、最後に決めるのは監督だからね。「よしわかった。あんたがそこまで言うなら、そうしよう」と……。確かに、あそこが勝負の分岐点だったね。

——当時の抑えは大野豊さん。あとで浩二さんは「大野でよかったかもしれない」と言っていました。

大下　僕はこのシーズン限りで広島を辞めた。翌年の春、西武のキャンプを見に行ったら、監督の森祇晶さんから言われたよ。「剛史、おまえともあろうものが、なんであそこで川口を使うんや」と。それで、「いや、僕は翌日にとっておきたかったんだけど、監督が〝どうしても使いたい〟と言うてきかんかったのよ」と正直に答えたら苦笑いしとったね。

——シーズン限りでユニホームを脱ぐことは、早くから決めていたんですか?

大下　勝負というものは、諦めたらダメやね。最後の試合は七回終了時点で大差（1対7）がついたものだから、いろいろなピッチャーを投げさせた。打たれた北別府学や川端順らは、僕がやめるのを知っているから「すみません、大下さん」と言うて謝るのよ。これはつらかったね。やはり勝負ごとちゅうのは勝って終わらんといかんね。

津田の離脱が生んだ苦肉の策

――九一年と言えば、四月にクローザー津田恒実さんの離脱もありました。それにより、「津田のために」とチーム一丸となったという話もよく聞きます。

大下　あれは忘れもしない四月一四日。広島市民球場での巨人戦よ。津田は1点リードの八回に北別府のリリーフに出ていった。ところが、わずか九球でKOされてしまった。ゲームが終わった後、投手コーチの池谷公二郎から「ツネがわんわん泣いとるんです」という報告が入った。それで「どうしたんや、ツネ？」と聞くと、またワーッと泣くわけ。それで「とにかく早く帰れ」と家に帰した。まさか、そのまま、帰ってこれんとは……。

――九一年のシーズンは大野さんと津田さんの〝ダブルストッパー〟が売りでした。

大下　前年のシーズンオフ、来年のキャッチフレーズを考えている時に、不意に浮かんだのが、〝ダブルストッパー〟やった。これを来年の〝売り〟にしようと。
　というのも、当時の広島は打線が弱かった。点が取れんのやから、守って勝つしかない。1点差でいいから逃げ切ろうと。その象徴が〝ダブルストッパー〟やったんです。

——しかし、津田離脱により、その構想は早々と崩れてしまう。ベンチは大変だったでしょうね。

大下 もう、ありとあらゆる知恵を使いましたよ。たとえばメンバー表を交換する際に、敵の首脳陣に「ピッチャー、誰よ？」と聞くんです。

——聞いてどうするんですか？

大下 左ピッチャーの場合には、ズボンの左後ろのポケットから、左ピッチャー用のメンバー表を。右ピッチャーの場合には、その逆をやるんです。

——反則ぎりぎりというより、はっきり言って反則ですね（笑）。

大下 やっぱり、悪いことは見つかるもんですよ。ヤクルト戦でついにミスを犯してしまった。逆のメンバー表を出してしまったんです。「あぁ、違う違う。こっちやない」って（笑）。

——ヤクルト側もびっくりしたんでしょうね。

大下 ヤクルトのあるコーチが呆れたように言いましたよ。「そこまでして勝ちたいんか？」って。僕が「おう、勝ちたい」と返すと、「わかった。それなら好きな方を出せ！」と。

——よく審判が、それを認めましたね。

大下　審判は苦笑いしていましたよ。「大下さん、こういうのは今回限りにしてくださいね」って。

――確か九一年のシーズンは右のロッド・アレンと左の西田真二さんが交代で四番を務めたりしていましたね。

大下　打てるのがおらんのやから仕方ない。その頃、横浜の監督をしていた須藤豊さんから、こんなアドバイスをもらいましたよ。「剛史、オマエ、四番をころころ代えるな。西田で行け。〝あいつは度胸があるから怖い〟とウチのピッチャーが言っとるぞ」と。今にして思えば、良い時代ですよ。

鬼軍曹時代の江藤と新井

――大下さんと言えば、コーチ時代は〝鬼軍曹〟と呼ばれていました。いろいろな選手を鍛え、育てましたが、一番思い出に残っている選手は？

大下　今、巨人で一軍打撃コーチをしている江藤智が広島に入ったのが八九年。僕が三度目のコーチの時ですよ。彼はもともとはキャッチャーやった。ところが一年目のオフ、球団本部長の上土井勝利さんから、「秋のキャンプで江藤をサードで使うてくれ」と頼まれたんです。本職のキャッチャーも満足にできん者がサードを守れるわけがない。ところが「来年はサードで使うから、殺してもいいから鍛えてくれ」と上土井さんも引かないんですよ。

それで日南の秋のキャンプでは徹底して鍛えました。すると、グラウンドからホテルまで泣いて帰った。こっちが「帰れ！」と言ったのを真に受けちゃった。ホテルの女性が心配して、「あなたね、〝帰れ〟とはいっても、それは口だけだからね。大下さんは、そういう人よ」と江藤を慰めたというんです。

――その後、江藤さんはどうしたんですか？

大下　ずっと自分の部屋で泣いとったらしい（笑）。

――九九年にドラフト六位で入団した新井貴浩さんは大下さんの駒大の後輩です。二〇一六年のシーズンはセ・リーグＭＶＰにも輝きました。三九歳での受賞はリーグ最年長というオマケ付きでした。

大下　新井はね、駒大の太田誠監督から「こいつは就職先がないから、オマエ、広島に連れて帰ってくれんか」と頼まれたのが入団のきっかけですよ。契約金も二〇〇〇万円か三〇〇〇万円か、それくらいしかもらっていない。

新井についてはね、親に感謝せんといかんと思う。強い体と素直な心。それを親からもらったんやろうね。まさかアイツが二〇〇〇本安打も打つなんて、想像もできんかった。とにかく、どれだけ鍛えても壊れんかった。それが彼の最大の財産やろうね。

安仁屋宗八――沖縄出身第一号選手の昭和プロ野球

育ったのは返還前の沖縄

近年、高校野球では沖縄県勢の躍進が目立つ。一九九九年と二〇〇八年のセンバツで沖縄尚学が優勝、二〇一〇年には興南が史上六校目となる春夏連覇を果たしている。プロ野球に目を転じると、現在（二〇一七年当時）、沖縄の高校を出た者は二二人もいる。今では球界における一大勢力だ。

広島カープや阪神タイガースで活躍した安仁屋宗八は、沖縄県出身の初のプロ野球選手として知られている。現役時代は右バッターの懐をえぐる鋭いシュートボールを売り物にした。また豪放磊落な性格で球界屈指の酒豪とも言われている。二〇一七年のシーズン開幕間もないある日、カープの本拠地マツダスタジアムに七二歳の安仁屋を訪ねた。

――安仁屋さん、お生まれは?

安仁屋　那覇市の垣花というところです。終戦一年前の生まれですが、大分県に疎開していたので沖縄戦の記憶はありません。戦後は那覇市の壺屋というところに戻りました。

戦争の記憶はないのですが、赤ん坊の時空襲に遭い、家族が僕を連れて防空壕に逃げ込もうとした、まさにその直後に爆弾が落ちてきて生き埋めになったそうです。幸い、僕は赤い服を着ていたので助かった。目立つ僕を、母親が必死になって救い出したそうです。あと数十分、いや数秒遅れていたら、僕は今、この世にいなかったでしょう。

――凄絶な体験ですね。で、野球を始めたきっかけは?

安仁屋　親父は漁師で野球には興味がなかった。ただ僕の上の兄貴二人が野球をやっていた。四男と五男で、僕は一一人兄弟の八番目なんです。だから名前は宗八。五男は社会人野球の琉球煙草にまで進みました。

――当時の沖縄は野球が盛んだったのでしょうか?

安仁屋　とても盛んでしたよ。社会人のチームだけで八つくらいあったからね。Aが硬式でBが準硬式、そしてCが軟式。特にCが多かった。

ただモノはなかったね。グローブは手づくり。テントを素材にしたもので、中に雑巾を詰めていた。母親が縫ってくれましたよ。バットは焚火の時に使うような木。当時の沖縄の少年たちは、皆それで遊んでいました。

――高校は沖縄高校（現沖縄尚学）ですよね。今では全国的な強豪校です。

安仁屋　本当は高校まで行って野球をやりたくはなかった。そこまで野球に対するこだわりはなかったからね。強いていうなら那覇商かなと。兄貴がそこでやっていましたから……。

――結果的には進学した沖縄高で、沖縄県勢としては初めて地区予選を勝ち抜き、甲子園出場を果たすことになるわけです。一九六二年の夏の大会です。

安仁屋　沖縄県勢としては一九五八年、第四〇回の記念大会ということで首里高が初めて甲子園に出場しています。しかし、それからは三年続けて南九州大会で負けていた。宮崎のチームに勝てなかったんです。

――当時の南九州大会は宮崎と沖縄の戦いでしたね。

安仁屋　そうです。宮崎と沖縄で一年置きにやっていた。僕の時も、いわゆる敵地ということもあって宮崎県勢に勝つのは難しいだろうといわれていた。というのも当時、高鍋に清俊彦という後に西鉄、近鉄に進むピッチャーがいて、これが九州ナンバーワンの評価を得ていたんです。ところが宮崎県の決勝で高鍋が負けてしまった。僕らが見ている前でね。それで勝った大淀高と戦うことになったんです。

――あの清さんが打たれたんですか？

安仁屋　いや、たまたま相手の打球が足に当たったんです。ピッチャーライナーを避けきれなかった。それから、おかしくなって確か1点差で負けたんじゃなかったかな。ウチの監督が「清が来たら、オマエらまず打てんぞ」と言ったのを覚えていますよ。

――大淀に勝ち、甲子園出場を決めた時には沖縄は大騒ぎだったでしょう？

安仁屋　でしょうね。でも、僕らはピンとこなかった。〝あっ、勝ったんだ〟とじわじわ感激が広がってきたのは次の日になってからですよ。

――甲子園での初戦の相手は広島の名門広陵でした。

安仁屋　4対6で負けました。この時の広陵は優勝候補に名を連ねるほどのチーム。巨人に入った山本英規という選手は〝長嶋二世〟と呼ばれる程のサードでした。他にも佐々木孝次（中日）がプロ入りしました。

――高校卒業後は地元の社会人野球チームの琉球煙草へ。

安仁屋　これは兄貴に引っ張られたんです。「野球続けるんやったらウチに来い」と。沖縄高から三人も入りました。

――高校野球の目標が甲子園なら社会人野球は都市対抗です。安仁屋さんは入社一年目の夏、大分鉄道管理局の補強選手として後楽園の土を踏みました。沖縄の出身者としては初の都市対抗出場でした。

安仁屋　琉球煙草に入ってまだ四カ月だから本採用にもなっていないんです。九州大会で電電九州に負けた時点で一度都市対抗を諦めていた。

――どんな試合内容だったんですか?

安仁屋　雨の中での試合でした。延長に入って僕はマウンドを降りた。もう中止かなと思うくらい降っていましたよ。ところが、向こうの監督が「安仁屋が代わったから、やってくれ。勝てる」と審判に頼んだというんです。結局、延長一八回までいったんじゃないかな……。

――補強選手になるということは、その試合での好投が目に留まったのでしょう。都市対抗では初戦の日本生命戦に登板していますね。

安仁屋　ええ、三イニング投げて1点も取られませんでした。それ以上に覚えているのが相手のバットをシュートで四本くらい折ったことです。結局、試合には負けたのですが、宿舎に帰ると、東映のスカウトが訪ねてきた。監督が「安仁屋、ちょっと来い!」と言うものだから行ってみると「この人がオマエを欲しいと言うとる。どうする?」ですよ。

――プロからの誘いとあらば、心が動いたでしょう?

安仁屋　いやいや、全然。だって当時、沖縄でテレビのある家は一〇軒、いや二〇軒に一軒くらい。だからプロ野球と言われても、よくわからないんです。知っているのは、せいぜい巨人くらいのものですよ。それも顔と名前が一致するのは長嶋茂雄さん、王貞治さん、藤田元司さん……。

――で、東映の誘いには、どう対応されたんですか?

安仁屋　いきなりプロと言われても、自分で決められるものじゃない。それで「親兄弟、監督と相談してきます」と言って、一旦返事を保留した。

――当時のプロ野球はシーズン中でも、社会人野球の選手は会社を辞めればプロ入りすることができました。

安仁屋　そうなんです。でも、僕は本音ではプロに行きたくなかった。野球以外でも心配なことがあったんです。

――野球以外の心配とは？

安仁屋　沖縄の言葉です。本土に行くと標準語を使わなければいけない。あれが嫌でねぇ。僕は人見知りで、話すどころか人前に出るのも嫌だった。ましてや、沖縄からプロに入った選手は、まだひとりもいないんですから……。

――沖縄返還が一九七二年の五月です。一九六四年当時はまだ沖縄から本土に行くのにパスポートが必要でした。逆もそうです。

安仁屋　当時、プロ野球に米国のパスポートを持っている人がひとりだけいたんです。日系人で広島で外野手をやっていたフィーバー平山（智）さんでした。

――広島から、現役選手でありながらスカウトとして沖縄にやってきたフィーバー平山さんと言えば、日系二世ですよね。

安仁屋　そうです。言葉も片言の日本語しかしゃべれなかった。逆に、それがよかったのかもしれない。一生懸命しゃべるから、ウチのオヤジが人柄に惚れてしまったんです。〝この人に任せたら大丈夫だ！〟ということで広島に入団することになったんです。

——沖縄はまだ本土復帰前だから日本で働くには〝就労ビザ〟が必要だったのでは？

安仁屋　はい。一年置きに申請していました。それが三年になり五年になり……。これは本土復帰まで続きました。

〝巨人キラー〟誕生

——同期で入団した選手は？

安仁屋　今、広島のスカウト統括部長をやっている苑田聡彦がいました。彼は三池工高の出身だから福岡で待ち合わせをして一緒に広島に入りました。彼も僕もオヤジと一緒だから四人です。まず二人で監督室に行きました。そこで当時の白石勝巳監督が苑田を見て「オマエ、ええ体しとるのォ。楽しみやなァ」と。続いて僕を見て、「オマエは野球やっとったんか？」ですよ。いくら僕が体が細いといっても、その言い方はないでしょう。

——沖縄出身第一号とはいえ、都市対抗まで出ているわけですからねェ。

安仁屋　ものすごくショックでした。だから、「これはもう、すぐに辞めて帰るかもしれない」とオヤジに話しました。

――そんな選手が広島のエースになるわけですから、人生とはわからないものですね。

安仁屋　わからないと言えば、チームもそうです。高校時代の監督が入団前に野球名鑑を買ってきて、いろいろと広島のことを調べてくれた。監督が言うには、広島はチーム打率が二割七分か八分はある、と（実際には二割五分三厘＝一九六三年）。「ここはよく打つから、すぐに行った方がいい」。確かに山本一義さん、興津立雄さん、藤井弘さん、大和田明さん、横溝桂さん、森永勝也さんら好打者が揃っていた。ところが皆、守りが下手なんです。

――安仁屋さんのようなシュートピッチャーは〝打たせて取る〟わけですから、とくに内野の守備は重要ですよね。

安仁屋　それが困ったことにザルだったんです。サードの興津さんは腰痛持ちだから動いてくれない。ファーストの藤井さんにいたっては内野フライを捕っただけで〝おお、よう捕った〟とスタンドから拍手が起きていましたよ。

――投手陣は、どんな面々でしたか？

安仁屋　エースは長谷川良平さん。他に大石清さん、池田英俊さん、鵜狩道旺さん、大羽進さんらがいました。

――入団したのは一九六三年でしたが、途中入団だったため、この年は出場機会はありませんでした。実質一年目となる一九六四年、三八試合に登板し、三勝八敗という成績を残しています。

安仁屋　初勝利は六月一四日の巨人戦。九回を投げ1点しか取られませんでした。

――安仁屋さんは広島と阪神で通算一一九勝（一二四敗）をあげています。そのうちの三四勝が巨人から。昔から〝巨人キラー〟というイメージがあります。

安仁屋　それには理由があるんです。一九六四年に長谷川さんがピッチングコーチになった。長谷川さんが僕に「ハチ（安仁屋の愛称）、オマエは実績を残したいか、人気を残したいか？」と聞いてきたんです。

僕は何の意味かわからないので、「それ、何ですか？」と聞き返した。要するに巨人戦にばかり投げればテレビに映って人気者にはなれる。その代わり、勝ち星はあまり増えない、という意味なんです。

――それで安仁屋さんは、「人気を残したい」と言ったわけですか。

安仁屋　いえ、違います。「それは僕が決めることじゃない、長谷川さんにお任せします」と。「じゃあ、いいんだな」と言われました。結局、僕は巨人戦専用になった。長谷川さんには「巨人との三連戦、オマエは全部投げるつもりでベンチに入れ！」と言われましたよ。

――ON（王貞治と長嶋茂雄）との対決は、やり甲斐があったでしょう。

安仁屋　僕はこの二人から見逃しの三振をとった記憶がほとんどないんです。当時は〝王ボール〟〝長嶋ボール〟というものがあって、コースぎりぎりに決まったと思えるようなボールでも、ストライクにとってもらえないんです。要するにあの二人が振らない限りは全部ボールなんです。特に後楽園でやる時は、その傾向が強かったですね。

――沖縄では安仁屋さんが投げる巨人戦は、電気屋の前に黒山の人だかりができたそうですね。

安仁屋　前にも言いましたが、沖縄は巨人戦しかやっていませんから。それも広島対巨人戦となると月に一回あるかないか。僕は親孝行のつもりで投げていましたよ。

安仁屋・外木場時代の到来

――巨人戦のハイライトと言えば一九六六年七月三一日、広島市民球場での試合です。九回二死までノーヒットノーランでした。

安仁屋　ノーヒットノーランまであとひとりとこぎつけながら黒江透修さんに三遊間を破られたんです。バット折れたんですけどね。

――痛恨の打球ですね。

安仁屋　いや、それほど悔しくなかったですよ。それよりも三番の王さんに回してしまったことの方が嫌でした。スコアは2対0ですから、ホームランが出れば同点にされてしまう。何とかファーストゴロで切り抜けることができましたが……。

――回が押し詰まってきてもノーヒットノーランのことは意識しませんでしたか。

安仁屋　それは全くなかったですね。監督も僕に気を遣わせまいとして、ほとんどメンバーを代えませんでした。守備要員とか使うと、僕が（ノーヒットノーランを）意識してしまうと考えたんじゃないでしょうか。

――大記録を伏兵が阻むというのはよくあることです。

安仁屋　黒江さん、ボクに悪いことをしたと思っているんでしょうかねぇ。ゴルフに誘ってくれたり、ＯＢ会でもよく面倒を見てくれるんです。今でもそうですから（笑）。

まぁ、でも今となっては巨人相手にノーヒットノーランをやらなくてよかったと思っています。もし達成していたら、僕の性格からしてテングになって遊び呆けていたかもしれない。それを考えると、あそこで打たれてよかったのかもと……。

――キャリアハイの成績を残したのは一九六八年です。五七試合に登板して二三勝一一敗、防御率二・〇七。最多勝は二五勝をあげた阪神の江夏豊さんでした。

安仁屋　一九六八年というのは根本陸夫さんが監督に就任して広島が球団創設以来、初めてAクラス入りした年なんです。根本さんには付きっきりで指導してもらった。キャンプでは一日五〇〇球投げたことを覚えています。それも毎日。オープン戦が始まっても投げ込みを続けていましたから。

――この年は一つ年下の外木場義郎さんも二一勝（一四敗）をマークしています。安仁屋・外木場の二枚看板時代の到来です。

安仁屋　外木場はどうか知らんけど、僕はライバル心を燃やしていましたよ。外木場が勝ったら〝よし、ワシもやっちゃろう〟とね。外木場が負けたら負けたで〝よし、追い越すチャンスじゃ〟とも思っていました。身内でありながら、外木場には負けたくないという思いが強く、それが二三勝に結び付いたと思うんです。ともあれ、外木場は素晴らしいピッチャーでした。完全試合も含めてノーヒットノーランを三回もやっている。彼がいたから僕も頑張れたんだと感謝しています。

酒と痛風

――安仁屋さんというと、右バッターの懐をえぐるシュートが代名詞でした。あの長嶋茂雄さんでも随分、てこずっていました。

安仁屋　これは新聞記者に聞いた話ですが、長嶋さんは伊豆の大仁（現・伊豆の国市）で自主トレを行っていました。そこで記者の人に丸めた新聞紙を渡し〝オマエ、安仁屋のかたち（フォーム）でインコースに投げてくれ〟と言ったそうです。

――それくらい安仁屋さんのシュートを意識していたんですね。

安仁屋　川上哲治監督も、カープ戦の前は、ミーティングで僕のことばかり話していたというんですね。チームをあげて対策を練っていたんでしょう。

――当時の安仁屋さんの球種は？

安仁屋　真っすぐと、あまり曲がらないカーブとスライダー。シュートは二種類ありました。ランナーがいない時は、真横に食い込むシュート。ランナーがいる時はゲッツーをとりたいから、腕を少し下げて投げるんです。するとシンカーのように沈む。今でいうツーシームです。

――キャッチャーは田中尊さんでした。

安仁屋　僕が投げる時は、いつも尊さんでした。あの人はキャッチングがうまかったので安心して投げられました。

――入団五年目の一九六八年に二三勝（一一敗）を記録します。伝家の宝刀のシュートが冴え渡りました。ところが七〇年は一〇勝（一四敗）、七一年は二勝（二敗）と下降線を描きます。何があったんでしょう？

安仁屋　実は痛風にかかってしまったんです。肉ばかり食べていたから、食事に偏りがあったんでしょうねぇ。それと酒。ちょっと飲み過ぎでしたね、アッハッハ。

――安仁屋さんは球界でも一、二を争う酒豪と評判です。いったい、どれくらい飲んでいたんでしょう。

安仁屋　まぁ、ほとんど毎晩飲んでいましたよ。給料もたくさんもらっていましたから、仲間がようけ集まってくるんです。こっちは大盤振る舞いですよ。

当時はブランデーがはやっていました。数人で毎晩二、三本は空けていたかな。もちろん、その前に相当ビールも飲んでいる。ビールといっても、昔は大瓶が多かった。カープでは大羽進さん、大和田明さん、宮川孝雄さん……。このあたりが強かったですよ。

――で、いつ痛風に気付いたんですか?

安仁屋　六九年の春のキャンプですよ。当時は宮崎の日南まで広島から二十何時間もかけて汽車で行っていた。着いた日にマージャンをやり、朝起きたら足が痛むんです。

キャンプで同部屋だったのが代打で活躍していた宮川さん。それで宮川さんに蹴っとばされたと思い、「宮川さん、僕の足蹴ったやろう?」と怒ったんです。すると宮川さん、「ワシ、蹴ったかい?」とびっくりしている。結局、宮川さんは犯人じゃなかった。犯人は布団だったんです。

――布団というと……。

安仁屋　宮川さんがトイレに行く時に、僕の布団にあたった。それが僕の足をこすったんです。それだけで、びゃーっと飛び上がるほど痛かった。足を見ると、赤くなってぽっこり腫れ上がっていましたよ。

――痛風は病名どおり「風が吹くだけで痛い」と言われます。それは本当なんですね。

安仁屋　いや、もう蹴とばされたと思ったくらい痛かった。病院に行くと案の定、痛風。おいしいものばかり食べているから〝ぜいたく病〟だと言われましたよ。その頃、プロ野球で痛風にかかる人間はいないと言われていましたが、後で聞いたら鶴岡一人さんや広岡達朗さんも痛風だったみたいですね。

──結局、痛風が原因で酒をやめたわけですか？

安仁屋　いや、それでも飲んでいました。体調が悪くても飲んでいた。他に楽しみもなかったですから……。

反抗とトレード

──のちに監督になるジョー・ルーツがカープのコーチに就任するのが一九七四年です。このルーツに安仁屋さんは「ピッチングフォームを変えろ」と言われたそうですね。

安仁屋　キャンプ中に言われるのなら、まだいいですよ。僕が「スリークォーターからアンダースローに変えろ」と言われたのはオープン戦の時。しかもシーズンが始まる、わずか一週間前ですよ。

──いくら何でも、それは急過ぎますね。

安仁屋　だから僕は通訳を通して「ワシはやらん」とはっきり言いました。「じゃあ使わんぞ」と。こうなると売り言葉に買い言葉ですよ。この時の監督は森永勝也さん。「ルーツは監督じゃないんじゃけん」と言いましたよ。なかなか使ってもらえませんでしたね。しかし、なぜかルーツは力を持っていた。

――七四年のシーズン、安仁屋さんは四勝四敗二セーブ、防御率三・九六という成績に終わりました。防御率はこれまででワーストでした。そして翌七五年、ルーツは監督に昇格します。

安仁屋　そりゃトレードに出されるでしょうねぇ。言うこと聞かんのやから。結局、阪神の若生智男さんとの間でトレードがまとまった。でも、実際のところ、僕は阪神に行く気はなかった。もう広島で野球はやめる気やったんです。

ところが広島でお世話になっている人に、「オマエ、一年くらい遊んでこいや」と言われた。「じゃあ、そうします」と。吉田義男さん（当時の阪神監督）は、僕がきてくれることを随分、喜んでくれたみたいです。

――結論から言いますと、阪神に移籍した七五年、リリーフで六六試合に登板し、一二勝（五敗）七セーブ、防御率一・九一で最優秀防御率とカムバック賞に輝き、オールスターゲームにも出場します。復活の理由は？

安仁屋　もう〝絶対にカープを見返してやろう！〟という一心で、オフに生まれて初めてトレーニングジムに通ったんです。これがよかった。それまではオフといえば遊んでばかりいましたから。

――当時の阪神の印象は？

安仁屋　もう無茶苦茶な球団じゃな、と思いましたよ。僕は単身で行ったものだから寮に入った。夜中に帰ってくると、食堂に茶碗が山盛りに並んでいる。翌日の朝の食事のために置いてある料理を、皆でたいらげているんです。こんなの、広島では考えられんことですよ。体調管理もへったくれもあったもんじゃない。本当にいい加減な球団だと呆れました。

――田淵幸一さんとのバッテリーはどうでしたか？

安仁屋　僕が復活できたのは、彼のおかげですよ。彼は随分、僕に気を遣ってくれました。〝オレの言うとおりに投げろ〟というタイプではなく、マウンドにきて僕の話を聞いてくれるんです。「安仁屋さん、今日のブルペンではどのボールがよかったですか？」「今日は真っすぐがよかった」「じゃあ、真っすぐでストライクをとって、あとのボールは遊び球に使いましょう」とね。その意味では非常に組み立てのうまいキャッチャーでしたよ。

――安仁屋さんが阪神にトレードされた七五年、カープは球団創設二六年目にして初優勝を果たします。安仁屋さんがトレードされるのを待っていたようにして優勝したわけですから、内心、複雑だったのでは……。

安仁屋 先にも言ったように最初のうちは〝見返してやる〟という気持ちで投げていましたよ。でも途中から〝古葉（竹識）さんで優勝するならええか〟という気持ちに変わっていきました。というのも古葉さんには入団した時からずっとかわいがってもらっていた。家に食事に呼ばれたりね。僕にとっては親代わりみたいなものだったんです。（監督が）ルーツのまま（七五年四月に辞任）だったら〝こんちくしょう！〟となっていたかもしれませんけどね（笑）。

カープ復帰

――安仁屋さんは、一九七九年まで阪神でプレーして八〇年、広島に復帰します。どういう事情があったのでしょう？

安仁屋 本当は七九年限りで引退して阪神の二軍コーチに就任する予定だったんです。小津正次郎球団社長に「オマエ、二軍のコーチやらんか？」と言われ、「はい」と僕も一度は了承したんです。ところが家に帰ると、広島の古葉（竹識）監督から電話がかかってきていた。女房が出て「古葉さんが電話くれ言うてるよ」と。それで古葉さんに電話すると、「オマエ、まだ現役続けたいんか？　未練があるんか？」と聞いてくるんです。どうやら、どこかの記者が「安仁屋は阪神をクビになった」と古葉さんに伝えたんでしょうね。

――それで安仁屋さんはどう答えられたんですか？

安仁屋　まずは球団（阪神）に行って、小津さんに正直に話しました。「カープから〝現役を続けんか〟という話が来てるんですけど、戻っていいですか？」と。すると「あぁ、だったら帰りなさい」と快く送り出してくれた。おそらく古葉さんは山本浩二あたりに聞いたと思うんですよ。〝ハチ（安仁屋のニックネーム）はまだ使えるんか？〟と。それで浩二が〝まだいけるんじゃないですか〟と言ってくれたようなんです。

――安仁屋さんは復帰したカープで八〇年、八一年と二年間プレーしたわけですが、この頃はカープの全盛期です。投手陣も充実しており、二年間で三試合しか投げることができませんでした。八二年に二軍投手コーチに就任、その後は一軍投手コーチ、二軍監督などを歴任し、三度のリーグ優勝（八四年、八六年、九一年）と一度の日本一（八四年）に貢献しました。

安仁屋　一軍では古葉さんが先発ピッチャーを含め投手陣のことは全て僕に任せてくれました。〝オマエが何でも決めろ！〟とね。だから投手交代も僕がやっていました。

――安仁屋さんと言えば「酒とインコース」です。教え子の川口和久がそう語っていましたよ（笑）。

安仁屋　まず酒ですが、確かに遠征先では毎日、選手たちを飲みに連れ出していました。勝ったら勝ったで「よかったのォ、まぁ飲めや」、負けたら負けたで「じゃあ次頑張れ！」となるんです。

――とにかく何か理由を付けて、毎日飲むわけですね（笑）。

安仁屋　僕らが現役の頃はそれが当たり前でしたから。コーチになってからも、その習慣は変えませんでした。

――酒で印象に残っているエピソードは？

安仁屋　あれはリーグ優勝を果たした一九九一年のことです。この年は津田恒実を抑えに使う予定でいた。ところが春先から「頭が痛い」「風邪気味じゃ」言うてなかなか調子が上がってこない。結局は脳腫瘍だったんだけど、その頃はまだわからなかった。あれは日本シリーズの前頃でしょうか。監督の浩二や大下剛史らスタッフ皆で津田を病院に見舞った。「日本シリーズはオマエを投げさせるからな」と言って励ましましたよ。津田はベッドの上に寝たきりで目ん玉だけしか動いていなかった。帰り際、奥さんがダァーッと追いかけてきて「安仁屋さん、主人が呼んでいます」と言うんです。それで引き返したら、津田が奥さんの耳元で何かつぶやいている。「何て言ったんですか?」と聞いたら「安仁屋さん、あんまり飲み過ぎんように……」って(笑)。

投手陣に植え付けた「インコース」

――酒と並ぶ安仁屋流指導理論のもうひとつの核であるインコースについては?

安仁屋　アウトコースが安全だからと言ってアウトコースにばかり投げていたら、バッターに掴まりますよ。どんどん踏み込んできますから。アウトコースをいかすためにはインコースを突かなければいけない。きっちりコースに決まらなくてもバッターに意識させるだけでいいんです。

――インコースでも高め、低め、真ん中あたりとありますが……。

安仁屋　真ん中あたり、つまりベルト付近でいいんです。そこに気持ちを込めたボールをどれだけ投げ込めるか。不思議なことにボールに気持ちが入っていれば、少々甘くなってもバッターを詰まらせることができるんです。

――高低はあまり意識しなくていいと？

安仁屋　経験上、高めを狙うと抜けることがあるんです。下手にぶつけるとピッチャーは自信をなくしかねない。一方で低めは見逃されるとボールになる確率が高い。またうまくバットを払われるとヒットゾーンに運ばれる。そうしたことを含めて考えると、あまり高低は意識しない方がいい。ベルト付近に自信を持って投げ込むことが大切だと思いますね。

――内角への投球を意識させることで成功したピッチャーは？

安仁屋　八六年に新人王を獲った長冨浩志がそうです。球は速く、スライダー、カーブもよかった。最初のうちはアウトコース一辺倒でも勝てた。しかし、速いだけならバッターは慣れてきます。そこで内角の重要性を教えたところ、一五〇キロ台の真っすぐを投げなくても勝てるようになりましたね。

――他に印象に残っているピッチャーは？

安仁屋　七九、八〇、八四年とカープ三度の日本一に貢献した山根和夫ですね。彼は日本シリーズに強く、通算五勝はカープでは最多です。山根はプロに入って来た時には上から投げていた。ところがなかなか勝てない。そこで本人自ら「安仁屋さん、僕にスリークォーターの投げ方を教えて下さい」と頼みに来た。僕は、「やる以上は、オマエ、絶対に途中で諦めるなよ」と言いました。

――どんな指導をされたんですか？

安仁屋　ほら、グラウンドをならすトンボってあるでしょう。僕はあれを持ってキャッチャーの後ろから「この位置で投げろよ」と指示したんです。

――要するにトンボを斜めに構えたわけですね。腕の角度を示すために。

安仁屋　そういうことです。それからシュートとスライダーが切れるようになった。これは僕にも経験があるのですが、ちょっと腕を下げた方がシュートやスライダーを楽に投げられる。山根は入って来た時はオーバースローの本格派でカーブはいいけどスライダーやシュートはよくなかった。フォームを変えて成功した例ですね。

――日米通算二〇三勝の黒田博樹さんも安仁屋さんの教え子のひとり。一九九六年のドラフト二位。一位は新人王に輝いた澤崎俊和さんでした。

安仁屋　澤崎も黒田も大学出のピッチャー。二人を比較した時、完成度という点では澤崎の方が上でした。黒田はストレートはそこそこ速かったけどコントロールはそんなによくなかった。正直言って、まさかあそこまでのピッチャーになるとは思わんかった。

――ルーキーの黒田さんに安仁屋さんは随分、厳しく接していましたね。

安仁屋　開幕前の練習試合で中日の二軍相手に投げさせたら、1アウトも取れずに10点取られた。でも僕は代えなかった。「この試合はオマエひとりで始末せえ！」と知らん顔しとった。今なって黒田は、「安仁屋さんに厳しさを教わりました」と言ってるようだけど、僕には狙いがあったんです。次の日、大学の試験で東京に帰ることになっていた。プロは甘い世界じゃないぞ、ということをわかってもらいたかったんです。内心、「かわいそうなことしたな」との思いもありましたけど……。

――よく走り込みもやらせていました。

安仁屋　北別府学、大野豊、山根和夫、川口和久、長冨浩志、川端順、金石昭人、白武佳久、清川栄治……。当時のピッチャーは皆、長持ちしたでしょう。あれは走り込みのお陰ですよ。「死ぬまで走っとけ！」と言いましたから。ただやみくもに走らせたわけじゃない。三〇メートル走、五〇メートル走、全部タイムをとっていました。ポールとポールの間を走らせる時は「一分切れよ！」という具合にね。厳しい練習をやらせる以上は何か目的を持たせることが大事なんです。

第六章

まさに命懸け⁉　昭和平成プロ野球稼業

田淵幸一——デッドボールの恐怖と闘ったホームランアーチスト

意外なドラフト指名

二〇二〇年に野球殿堂（エキスパート表彰）入りした田淵幸一のホームランを「一番美しい」と評したのは、長年にわたって「プロ野球ニュース」のキャスターを務めた佐々木信也である。番組中に、先の言葉が飛び出したのは、田淵が阪神時代のことだ。

考えてみれば、阪神の本拠地・甲子園をはじめ、当時、まだドーム球場は存在しなかった。球音を発した瞬間、漆黒の闇を切り裂くように高々と舞い上がり、カクテル光線に照らされながらスタンドに舞い降りる白球は、息をのむほど美しかった。彼こそは生粋のホームランアーチストだった。

阪神時代、藤村富美男に続き〝ミスタータイガース〟と呼ばれた田淵だが、東京生まれということもあり、元々は巨人ファンだった。

一九六八年のドラフト会議は、田淵を筆頭に法政大の同級生である山本浩二、富田勝、明治大の星野仙一、近畿大の有藤通世、亜細亜大の大橋穣ら大学生に逸材が揃っていた。

もちろん最大の目玉は、東京六大学野球で立教大時代の長嶋茂雄がマークしたホームラン記録を一一年ぶりに更新していた田淵だった。長嶋が八本に対し、田淵は二二本。その飛距離は圧倒的だった。

これだけの逸材を巨人が放っておくわけがない。ドラフト会議前から接触を繰り返した。田淵とは、いわば相思相愛の仲だった。

二〇一五年頃に本人から聞いた話。

「川上哲治監督（当時）から〝背番号は2番を用意するからな〟とまで言われた。王さんが1、長嶋さんが3。そこに私が入れば1、2、3と並ぶ。それはもう胸がときめきましたよ」

六八年オフといえば、川上巨人が四連覇を達成した直後である。ONを中心にした打力は他球団を圧倒していたが、正捕手の森昌彦にやや衰えが見られ始めた頃だ。

六八年、森は一一本ホームランをマークしたものの、打率は二割二分八厘と振るわず、巨人は「打てるキャッチャー」を探していた。

強肩強打に加え、東京六大学野球のスター選手。巨人からすれば、喉から手が出るほど欲しい選手だった。

六八年のドラフトは「予備抽選制」がとられた。その結果、東映、広島、阪神、南海、サンケイ、東京、近鉄、巨人、大洋、中日、阪急、西鉄の指名順となった。

指名順位一位の東映は大学球界ナンバーワンショートの大橋を指名した。二番目の広島は地元出身の山本を指名した。そして阪神。三番目の阪神は、当初、法大の内野手で、地元・興国高出身の富田を指名すると見られていた。

ところが、フタを開けるや、意中の人物は田淵だったのである。

この指名は田淵にとって予期せぬものだった。ドラフト会議前には、「巨人以外なら社会人野球に進む」と明言していた手前、おいそれと入団交渉に応じる気にはならなかった。

本人は〈思わぬ阪神の1位指名に最初は入団を拒否し、巨人へのトレードに淡い期待を寄せた〉と自著『ホームランアーティストの美学と力学』（ベースボール・マガジン社新書）で述懐している。

だが、そんなある日、巨人のスカウトとのホテルでの密会が発覚し、田淵は身動きがとれなくなる。

本人の回想。

「ドラフト会議前には〝巨人じゃなければ社会人野球に進む〟とは言ったものの、一年待ったところで（巨人を）逆指名できるわけではない。仮に社会人野球に進んだところで、（プロまでの）二年間は長い。それで巨人入りを諦めました」

加えて、こんなエピソードも。

「それに僕のオヤジは毎日新聞社に勤めていた。（巨人の親会社である）読売新聞社とはライバル関係にあたりましたからね。

これは後々、オヤジの部下から聞いたのですが、〝もしキミが阪神じゃなく、（裏の手を使って）巨人に入っていたら、お父さんは、そこで辞表を提出し、毎日を辞めていたんだよ〟と。そんなことを周囲には話していたようなんです。それもあって結果的に阪神に入ってよかったなと（笑）」

余談だが、田淵の父親は一九七四年九月に他界する。試合前に田淵は母親からの電話で知ったが、試合に出場し、大洋のエース平松政次から二本のホームランを放つ。

「プロ野球に入った時から〝親の死に目には会えない〟と覚悟していました。そんな時代でしたよ」

四七四本の原点は江夏との出会い

野球殿堂入りが決まった際の記者会見で、田淵はON、村山実といった恩人に加え、江夏豊の名前を口にした。「大投手に出会ったことで成長できた」と。

学年こそ田淵が二つ上だが、既に江夏は村山と並ぶ投手陣の大黒柱に成長していた。田淵が入団する前年の六八年、江夏は二五勝をあげ最多勝に輝いていた。この年にマークした四〇一奪三振は、今もNPB記録だ。

年上とはいえ田淵はルーキーだ。しかもチームでは自らのほうが先輩だ。江夏は田淵を「ブチ」と呼び、田淵は「ユタカ」と返した。

球団は二人のコンビを〝黄金バッテリー〟として大々的に売り出した。

春季キャンプでのブルペン。江夏がマウンドに上がり、田淵がマスクを被ると、報道陣が殺到した。

そんな、ある日のことだ。ピッチング練習を始めるにあたり、江夏は田淵にこう言った。

「今日は長いぞ」

「ああ、いいよ」

江夏は一時間にわたり、約五〇〇球を投げた。ブルペンを去る際、不機嫌な表情を浮かべ、江夏はこうつぶやいた。

「ブッちゃん、ミットを動かしたらストライクがボールになるわ」

暗にミットを持つ左手首が弱い、そこを鍛えろ、と指示したのである。

この指示は六大学野球のスターにとっては屈辱だった。

「僕自身、ミットが動くのはわかっていた。わかってはいても、改めて指摘されると悔しくてねぇ……」

江夏の生命線はアウトローの糸を引くようなストレートである。抜群のコントロールを誇る江夏は、それこそミリ単位で〝出入り〟を調整することができた。

「ピッチャーにとってキャンプ中のブルペンは単なる調整の場じゃない。長いシーズンに向けた戦いの場なんや」

このような独自の野球哲学を持つ江夏は、キャンプ中、審判をブルペンに入れなかった。それには次のような理由があった。

「もし、コントロールが定まっていない段階に審判に見られてもうたら〝アイツはコントロールが悪い〟と先入観を持たれてしまう。これはピッチャーにとって大変なことや。だからピッチャーはコントロールが定まるまでは、簡単に審判をブルペンに入れたらいかんのよ」

そしてこう続けたものだ。

「コントロールが万全に定まった後は、審判にいくら見られても大丈夫や。そこでオレはボールを四分の一ずつストライクゾーンから外に出していった。仮にブルペンでボールゾーンにはずれている球をストライクと認めたとする。そうしたら審判はそのシーズン中、ずっとそこをストライクに取らなあかん。言うなれば、ブルペンで審判を〝洗脳〟したっちゅうわけやな」

江夏に弱点を指摘された田淵は、その晩から二、三キロの鉄アレイを持ち、手首を鍛え始めた。これにより「リストが強化され、キャッチングのみならずバッティングにも生きた」と田淵は言う。持ち前の飛距離は、このトレーニングにより、さらに増した。通算四七四本塁打の原点である。

血塗れのデッドボール

ルーキーイヤーの一九六九年、二二本塁打を放って新人王に輝いた田淵は二年目の七〇年、いきなり選手生命の危機に見舞われる。

八月二六日、甲子園での広島戦で、外木場義郎から左側頭部にデッドボールを受け、そのままバッターボックスに倒れ込んでしまったのだ。田淵によると、球場にいたドクターが阪神ベンチに×印のサインを送ったという。誰もが最悪の事態を覚悟した。

振り返って田淵は語る。

「投げた瞬間、ボールが全く見えなかった。ただ、これが不幸中の幸いでした。もし、ボールが見えていた中で、頭を直撃していたら、ずっと恐怖心が消えなかったかもしれない。当たった瞬間、バーンという音がしたのは覚えている。最後に記憶があるのは（球場の中に入ってきた）救急車のサイレンの音だけ。あとは〝皆が何か言ってるなァ〟と……。そこからの記憶はないんです」

このデッドボールを、阪神ベンチにいた江夏豊と、広島のファーストを守っていた衣笠祥雄は、どう見ていたのか。二人に直接、訊ねたことがある。

二宮　口の悪い人は「死んだと思った」と言っていました。

衣笠　いや、本当にそう見えた。僕は一塁を守っていて目の前で見ていたから、どれほど怖かったか。すっぽ抜けたらしいけど……。

江夏　自分はベンチから飛び出していったけど、体じゅう痙攣だからね。噴水みたいに（耳から）血が出ていて、近寄るのが怖かった。

衣笠　看護婦さんが飛んで来て、こんな大きなガーゼが瞬時に真っ赤だもの。プロ野球に23年いたけど、一番怖いデッドボールと言ったらあれ。本当に死んだと思ったよ。
　余談だけど、あの次の回のトップバッターが俺だもの。1球目をコーンと当ててすぐに走ったね。もう絶対にぶつけられると思って、打ちたいと思わなかった。

二宮　仕返しがきそうですもんね。

江夏　田淵は、あれから3、4年は頭が痛いって……。

衣笠　あれさえなかったら、2000本安打に、ホームランは五〇〇本、いや600本までいっているだろうな。彼はあれからも6回か7回当たっているのよ。それで、いつか言ったことがある。「お前、ボールがここに来たら逃げろよ」って。そうしたら、ボールが来ると「動けなくなる」って。瞬間的に恐怖が蘇ってロックが掛かるらしい。(『昭和プロ野球の裏側——友情と歓喜のドラマの裏に何があったのか?』廣済堂新書)

記憶が戻ったのは、入院から一週間後だったという。

再び田淵。

「実のところ、ウチのオヤジも死を覚悟していたみたいです。あとで村山実さん(投手兼監督)が教えてくれたんです。ウチのオヤジが〝監督、息子はグラウンドで死ねたら本望ですよ〟と言ったというんです。〝オマエのオヤジは大したもんだ〟と村山さんも感心していましたよ」

現在では誰もが着用している耳当て付きヘルメットは、田淵の側頭部へのデッドボールをきっかけに普及した。

「それでも、復帰してしばらくは、(視界から消える)右ピッチャーのカーブが怖かった。思わず腰が逃げてしまうんです。〝耳当てのヘルメットができたんや。当たっても大丈夫だ〟と自らに言い聞かせることで、徐々に恐怖心を克服していったんです」

この年、田淵の出場数は八九試合にとどまり、ホームランも二一本と前年を下回る。

翌七一年も出場八〇試合、一八ホームラン。デッドボールの後遺症は決して小さくなかった。

ONの壁

田淵が初めてホームランを三〇本台に乗せたのは入団四年目の七二年(三四本)である。飛躍のきっかけは、何だったのか。

「巨人の王貞治さんが、なぜ足を上げるのか疑問に感じたことがあったんです。それまで私はスリ足で打っていて、足を上げていなかった。それで一度、真似をしてみた。すると打球の飛距離が全然違う。そこから私のホームラン人生の幕が開けたんです」

入団七年目の七五年には四三本を放ち、自身初のホームラン王のタイトルを獲得した。それまで一三年連続でホームラン王に輝いていた王がキャンプ中に足を故障し、出遅れたことも田淵には幸いした。

田淵はマスク越しに王のバッティングを観察し続けた。その結果、ひとつ弱点があることがわかった。

「足を上げた際のヒザ元です。そこを徹底して攻めました。しかし、そこばかり攻めていては狙われる。そこで高低をうまく使うことで目線を上下に揺さぶりました」

こうした攻めは、一定の効果を発揮した。一方で、どんな攻めにも動じなかった選手がいた。長嶋茂雄である。

「よく長嶋さんのことを〝動物的カンが優れている〟という人がいますが、私はそれよりもズルさを感じましたね」

どういうことか？

「私が後ろからサインを出すでしょう。すると、パッと後方を振り返るんです。〝長嶋さん、カンニングしちゃいけませんよ〟と言うと〝ブッちゃん、僕は左目でピッチャーを見て、右目でキャッチャーを見ているんだよ〟と言っていましたよ。それで〝オレも今度やってみよう〟と……。

ところが、どう真似しても見えなかった。真似といえば、長嶋さんのように空振りした後、ヘルメットを落としたこともあります。お客さんが喜ぶと思って同じことをやってみたんですが、私には合いませんでしたね。せっかく、それまでは調子がよかったのに悪くなってしまいましたよ（笑）」

また、こんなこともあったという。

「ある試合で長嶋さん、江夏から二打席連続三振を喫した。すると三打席目、打席に入るや否やバッターボックスのラインを消しているんです。最初は〝きれいに土をならすなァ〟と思っていたんですが、次の瞬間、パッと江夏を見たら、やけに遠くに感じるんです。

実は長嶋さん、江夏のボールをギリギリまで引きつけて打とうとしたのか、キャッチャー寄りにずっと下がって構えていたんです。そのため、距離感が違って感じられたんです。

そこで長嶋さんに〝バッターボックスから出ていますよ〟と注意したら、〝ごめんね〜〟と。悪気はないんだけど、ズルいですよね(笑)」

黄金のバッテリーと九連続奪三振

優勝こそ果たせなかったものの、江夏とは七年間にわたり、バッテリーを組んだ。いわゆる〝黄金バッテリー〟のハイライトシーンは、七一年七月一七日、西宮球場でのオールスターゲーム第一戦だ。

三回裏、江夏は阪本敏三、岡村浩二を空振り三振に切ってとり、これで八連続三振。

九連続三振まで、あとひとり。

ここでパ・リーグのバッターは、三回表から守備に入っていた加藤秀司。左対左だが代打は出さなかった。監督の濃人渉は加藤のミートの巧さに賭けたのだろう。

カウント1―1からの三球目を、加藤はかろうじてバットに当てた。一塁のファウルグラウンドにフラフラッと打球は上がる。マスクを脱ぎ捨て、それを追う田淵。次の瞬間、江夏は「捕るな！」と叫んだ、という説があるが、田淵によると、これは「追うな！」の間違いなのだという。

「どうせスタンドに入るから、追う必要はない、ということですよ」

確認すると、江夏も同じことを言っていた。

四球目、江夏は渾身のストレートで空振りを奪い、オールスター戦九連続奪三振の大記録を達成したのである。江夏が言う「青春時代の野球」は田淵とともにあったのだ。

深夜のトレード通告

一九七八年一一月一五日。日付けが変わったばかりの深夜のことを田淵は今も鮮明に覚えている。

「前日の一四日は和歌山にゴルフに行っていたんです。それで帰ってから〝もう、そろそろパジャマに着替えて寝ようかな〟と思っていたところに電話がかかってきた。〝ホテル阪神に来てくれ〟と……」

入団一〇年目のこの年、田淵は一一七試合に出場し、打率二割八分八厘、三八本塁打、八九打点と主砲として及第点の成績を残していた。ただ入団時に比べると体重が増え、漫画のネタにされることもしばしばだった。六月五日には通算三〇〇本塁打、八月一七日には通算一〇〇〇本安打を達成するなど打力に衰えは見られなかったものの、捕手としての守備力には疑問を呈する声も少なくなかった。

電話がかかってきた時点で田淵は「これはトレードだな」と直観した。この年、阪神は球団史上初の最下位に沈んだ。法政大の先輩でもある後藤次男監督は辞表を提出し、南海でプレー後、南海と広島でコーチを務めていたドン・ブラッシンゲーム（通称ブレイザー）の監督就任が決まった。当時、田淵は西宮市内のマンションに住んでいた。時計を見れば午前一時過ぎ。

「明日じゃダメですか？」

「いや、今から来て欲しい」

着替えをして指定されたホテル阪神の部屋に入ると小津正次郎球団社長が待っていた。

「一度、外の空気を吸ってこい」

遠回しなトレード通告だった。

「ユニホームを脱ぐことも考えている」

憤懣（ふんまん）やるかたない表情の田淵は、ロビーで待機していた記者にそう語ったものの、実際のところは腹をくくっていた。

「だって非常識でしょう。いくら急を要する話とはいえ深夜に呼び出すとは……。その時点で〝もう、こんな球団なら〟と呆れたところもあったんです」

広岡監督からの辛辣な言葉

トレード先は西武だった。監督は法政大の先輩・根本陸夫。西武はクラウンライターからライオンズを買収したばかりだった。七九年のシーズンからは埼玉県所沢市を本拠地に西武ライオンズとして戦うことが決まっていた。

根本は田淵を新生ライオンズの顔にしようと考えていた。トレードは最終的には阪神から田淵と古沢憲司、クラウンライターからは竹之内雅史、若菜嘉晴、真弓明信、竹田和史の二対四で成立した。

移籍一年目の七九年、田淵は一〇七試合に出場し、打率二割六分二厘、二七本塁打、六九打点という成績を残した。アキレス腱痛に悩まされ、主砲としては寂しい成績だった。

翌八〇年、田淵は甦った。自身初のホームラン王に輝いた七五年と同数の四三ホームランを記録したのだ。

そして八一年オフ、田淵は運命的な出会いを果たす。根本が球団管理部長に就任し、ヤクルトを七八年に球団史上初のリーグ優勝、日本一に導いた広岡達朗が新監督に就任したのだ。

広岡を自らの後任に指名したのは根本だった。監督を辞任する際、根本は田淵を呼び出し、こう告げた。

「今から練習しておけ」

一一月、西武球場で秋季練習が始まった。広岡は初めてのミーティングを、球場の中華レストランで行った。

「最高給取りでありながら、走れない、守れない者がいる」

その瞬間、選手全員の視線が田淵に集中した。名前こそ出さなかったものの、その選手が田淵であることは自明だった。

広岡は次々に主力選手を槍玉に上げた。

「いい投球をしながら、最後には打たれて負ける者がいる」

これはエースの東尾修だった。

「基本もできていないのに一流だと勘違いしている者がいる」

こちらは若手のリーダー石毛宏典だった。

振り返って田淵は語る。

「広岡さんが陰険なのは、敢えて名前を言わないところ。これを聞いて、私は〝これでもう自分の野球人生は終わったな〟と思いましたよ。だが、こちらにも意地がある。その後、皆でロッカーに集まり、〝あんなこと言われて腹立つよな。こうなったら皆で優勝しようや〟と誓い合った。〝優勝したら、皆で監督を胴上げする。三回胴上げして、四回目で手を離そう〟。それが合言葉になったんです」

広岡西武一年目の八二年、ライオンズは親会社が西武にかわって初めてのリーグ優勝を果たす。田淵は主にＤＨとして一一四試合に出場し、二五本塁打、五九打点を記録した。

当時二シーズン制だったパ・リーグのプレーオフは、前期優勝の西武と後期優勝の日本ハムとの間で行われ、西武が三勝一敗で勝利。その余勢を駆って、中日との日本シリーズも四勝二敗で制した。

敵地で広岡の胴上げが始まろうとしていた、まさにその時だ。シリーズMVPに輝いた東尾が近付いてきて田淵に耳打ちした。

「ブッさん、あの約束、覚えているだろう?」

胴上げ後、広岡を地面に叩き付けるという、あの約束だ。

「トンビ(東尾のニックネーム)、ちょっと待て。優勝までさせてくれたじゃないか。これで給料も増えるんだぞ」

田淵の咄嗟の判断で、この悪だくみは未遂に終わった。

対江川、日本シリーズの一撃

就任一年目でチームを日本一に導いたにもかかわらず、広岡は手綱を緩めなかった。

「日本シリーズでは巨人に勝ってこそ、本当の日本一なんだ」

連覇を目指す八三年のシーズン、田淵は序盤から打ちまくった。七月一〇日時点で二九本塁打。チームメイトである二位のテリー・ウィットフィールドに六本差を付けていた。打点も六六でリーグトップ。史上初の両リーグホームラン王に向け、視界は良好だった。

好調の原因はどこにあったのか。

田淵はライバルの名前を口にした。阪急のエース山田久志である。サブマリンから浮き上がってくるストレート、ヒザ元に沈むシンカーに田淵は全くタイミングが合わなかった。

「ある日、山田のフォームを見ていて、あることに気が付いた。彼のフォームは三段モーション、三つの動作からなっている。これに合わせるには、どうすればいいか。同じように一、二、三と三回に分けて足を上げるようにしたんです。するとタイミングがピタリと合った。それ以来、山田が苦にならなくなった。苦手を攻略したことで、自信を取り戻すことができたんです」

しかし、好事魔多し。七月一三日、日生球場での近鉄戦。田淵は下手投げの柳田豊から死球を受け、左手首を骨折してしまう。戦線を離脱した田淵は、三カ月後に一軍復帰したものの、ホームランは一本しか加えることができなかった。

それでも西武は連覇を果たし、日本シリーズの相手は巨人。一〇月二九日、西武球場での初戦、巨人はエース江川卓を先発に立てた。

シリーズ前、スコアラーは「江川を打つのは無理」と諦めたような口調で言った。三点リードで迎えた二回裏二死一、三塁の場面で打席に入った田淵はカーブを狙っていた。実は田淵の主治医と江川の主治医が友人であり、田淵は自らの主治医から「江川はお尻にデキモノがある」との情報を仕入れていた。

「ならば、速いストレートは投げられないはず……」

田淵の狙いは的中した。レフトスタンドに飛び込むダメ押しの3ラン。田淵らしい滞空時間の長いアーチだった。シリーズは四勝三敗で西武に軍配があがった。

翌八四年のシーズンを最後に田淵はユニホームを脱いだ。通算四七四本塁打。美しい放物線を求め続けた一六年間だった。

――故障さえなければ、五〇〇本も可能だったのでは?

「いや六〇〇本は打ってますよ」

間髪入れずに田淵は答えた。

鈴木康友――名コーチが語る名将、名シーン、そして難病

難病発覚

二〇一九年二月一二日、一年後に迫った東京オリンピックで金メダルの有力候補と見られていた競泳女子の池江璃花子が、自身のツイッターで、白血病の診断を受けたことを告白した。この報に接した直後、巨人や西武などで選手、コーチとして一四回のリーグ優勝、七回の日本一を経験している鈴木康友から電話が入った。

「同じアスリートとして他人事とは思えない。是非がんばって病気を克服して欲しい」

実は鈴木、一七年夏に血液の難病である骨髄異形成症候群と診断され、一八年三月に臍帯血移植手術を受けていたのだ。幸い術後の経過はよく、二〇年二月には宮崎でオリックスや巨人のキャンプを取材して回った。現役時代はバイプレーヤーとして鳴らし、コーチになってからは、その手堅い仕事ぶりを高く評価されていた。還暦前の鈴木に病気のこと、野球のこと、そして今後のことを訊いた。

——ご自身が体の異変に気付いたのはいつ頃ですか？

鈴木　一七年の八月頃です。その頃、僕は独立リーグ・四国アイランドリーグＰｌｕｓの徳島インディゴソックスでコーチをしていました。アイランドリーグは前後期の二シーズン制なのですが、例年行っていたアメリカ遠征がなくなり、六月、七月のスケジュールがポッカリ空いたんです。

——これからＮＰＢを目指す選手にとっては大切な時期ですよね。まるまる二カ月も休ませるわけにはいかない。

鈴木　そこなんです。二カ月も遊ばせるわけにはいかないから、せめてウエイトトレーニングでもやって体だけは大きくしておけと。しかし、あまり実戦から遠ざかるわけにもいかないので、奈良県に遠征して社会人チームと試合をさせたんです。

——独立リーグのチームはコーチが少ないので、ノックからバッティングピッチャーまでいろいろな仕事をこなさなければならない。

鈴木　そうなんです。最初は疲れかな、と思っていたんですがノックをやると息が切れる。八月に入って、それが段々ひどくなってきた。一〇分もやると、もうゼエゼエ、ハアハアいってました。

――これは尋常じゃないと？

鈴木　いや、その時点では、まだそこまでは考えていませんでした。〝これはおかしい……〟と思い始めたのは、後期に入ってすぐです。女房が「阿波踊りを見たい」というので、松山まで来てもらった。ちょうど試合を行っていたので、その後、二人で徳島に戻る計画を立てていたんです。

　せっかく松山にまで来てもらったのだからお城（松山城）にでも行こう、となり、一緒にロープウエイに乗ったんです。でも天守閣までは歩いていかないといけない。石段を上るのがしんどくて、観光で来ていたおじいちゃんやおばあちゃんにまで抜かれてしまった。

　それでも、まだその時は深刻な事態を想定していませんでした。前日、五点差をひっくり返されて負けているので、そのせいだろうかとか、長い間タバコを吸っていたので、肺が弱っているんやろうとか、あれこれ理由を探していました。その後、松山から徳島に移動し、鳴門の渦潮も見に行きました。駐車場に車を置き、そこから坂道を上るのですが、これがきつくてきつくて。そこで病院に行くことにしたんです。

死を意識しながらのコーチ続行

——正確な日付は覚えていますか?

鈴木　二〇一七年八月二九日です。徳島市民病院の呼吸器内科を受診しました。息苦しいから呼吸系の病気を疑っていたのですが、それは問題なかった。その間に血液検査も行いました。しばらくして副院長が飛び込んできました。その方は血液内科の先生なんですが、開口一番、「鈴木さん、これでよく立っていられますね」と。ものすごい貧血だと言われました。

——それではじめて事態の深刻さに気付いたと?

鈴木　そうです。先生からは「急性白血病、骨髄異形成症候群、再生不良性貧血。この三つのうちのどれかがあてはまるはずです」と告げられました。血液検査の結果、赤血球とヘモグロビンの数値が低いことが判明したんです。それにより酸素が体中に行き渡らなくなっていた。だからゼエゼエ、ハアハアとなる。呼吸器ではなく血液の病気だったんです。

——その後は東京の病院へ。

鈴木　徳島の先生から「これは長い入院生活になるので自宅近くのほうがいい」とアドバイスされ、慈恵医大に入院しました。次の日に東京に帰り、病院へ直行です。骨髄検査を受けるため、三週間近く入院しました。二日か三日に一回採血し、輸血を五日から一週間の間に一回、繰り返し行うんです。そこで骨髄異形成症候群と診断されました。

――その病気は白血病よりは軽いのでしょうか。

鈴木　そうです。前白血病状態とも言われる病気で血液の中のガン細胞が五％ぐらい。これが二〇％を超えると白血病と診断されるそうです。ただし、白血病の前段階といっても油断してはいけない。骨髄異形成症候群は白血病に移行することもあるらしいんです。

――どんな治療法が有効なのでしょうか？

鈴木　まずは輸血です。これを月に二回くらいやっていれば普通に生活できます。ですから七〇歳を超えたお年寄りの方の中には手術のリスクを避け、輸血だけで生活している方もいます。もちろん、リスクはゼロではなく輸血が原因で他の病気を併発することもあるようです。いずれにしろ、これを一生続けるのは精神的につらい。

もうひとつは手術です。赤ちゃんの臍の緒から採った血液（造血幹細胞）を使う臍帯血移植です。僕はこの手術を一八年三月、虎の門病院で受けました。

――手術のリスクは？

鈴木　先生からは「血液を作る造血幹細胞の移植が成功しても、病気が治る確率は五〜六割くらいでしょう」と言われました。「家族ともよく相談してください」とも。そりゃ悩みましたよ。聞けば、手術を受けた一〇人のうち七人は退院していくが、三人はできないと。また七人のうち二人は二年後には感染症で亡くなっている。それを考えると、数年先まで生きているのは二人にひとりということになります。

――発症の原因は何だったのでしょう？

鈴木　それはよくわかりません。疲れが残っていたのか、ストレスがたまっていたのか……。正直言って徳島での半年はきつかった。二月に行った時、風が強くてブルブル震えていました。四国は暖かいイメージがあるのですが、山が近くて、案外寒いんですよ。単身赴任ですから食事は大抵、弁当ですませていました。球場といってもクラブハウスがあるわけではない。だから吹きっさらしのプレハブの部屋で震えながら食べていましたよ。

――同じプロ野球でもＮＰＢと独立リーグでは、環境面で天と地ほどの差があります。

鈴木さんは両方経験されているから、誰よりもその違いがわかるのでは？

鈴木　独立リーグの選手たちは、ここでダメなら、もう野球を辞めるしかありません。彼らに残されている時間は、そう多くない。だから、こっちも必死です。病気とわかった後、秋にはアイランドリーグ選抜と一緒に宮崎のフェニックス・リーグにも参加しました。NPBの二軍と戦うことで、自分たちの実力が認識できるんです。周囲は休んだ方がいいと心配してくれましたが、これだけはどうしても行きたかった。なぜなら宮崎は、僕がプロ野球人生のスタートを切った思い出深い場所でもあるからです。頭の片隅には「もう、宮崎に行くのもこれで最後やろうな」という感慨もありました。死を意識していましたから。

――リスクを覚悟した上で手術に踏み切った理由は？

鈴木　このままでは終われない、という思いがありました。お世話になった野球界に恩返しするまでは絶対に死ねないと……。

まさかの巨人ドラフト指名

――鈴木さんは天理高時代、強打のショートとして甲子園に四回出場しました。ホームランも二本放っています。いわゆる〝超高校級〟の内野手でした。

鈴木　プロに行く気はありませんでした。天理からは毎年、野球部からひとりかふたり早稲田大学に入っており、僕にも「内定」が出ていました。

――セレクションにも参加したんですか？

鈴木　一度だけ参加しました。先輩のマックス佐藤こと佐藤清さんにティーを上げてもらいました。早稲田には他にも天理の先輩がたくさんいて心強い、と思ったものです。

――プロからの勧誘は？

鈴木　僕はどこの球団のスカウトとも会っていないのですが、後で聞くと父親は一一球団のスカウトから名刺をもらっていたようです。来なかったのはたしか日本ハムだけだったと……。

――特に熱心だったのは？

鈴木　父親に聞くと、阪神と中日だったようです。（指名は）一位か二位で行くと。

――ところがフタを開けると……。

鈴木　まさか巨人が指名するとは……。学校から帰ると、母親が「康友、オマエ、巨人から五位指名されとったわ」と言ったんです。僕は「フーン」と言いながら、そのまま二階の自分の部屋に行きました。ハナから巨人に行く気はないから、「これで早稲田に行ったら、またオレの株がひとつ上がるな」くらいの気持ちでした。

――それが、なぜ巨人に？

鈴木　監督の長嶋茂雄さんが、わざわざ実家のある奈良県五條市にまで来られたんです。自宅近くの小料理屋さんでした。僕たちが待っていると、長嶋さんがスッと襖を開けて、入ってこられた。その時、僕にかけた言葉は今も忘れられません。「キミは僕の弟のような気がする」って。

――初対面で、いきなり弟ですか（笑）。

鈴木　そうなんです（笑）。とはいえ、いきなり「行きます」と返答することはできない。そこで僕は「監督、ありがとうございます。ただし僕は早稲田への進学も決まっています。親代わりである天理教や学校関係者の方と会って、今と同じことを話していただけますか。そうでないと巨人に行けません」とお願いしました。そうしたら、また次の日も来てくれて、関係者に会って、誠意を示していただきました。

――結局、早稲田から急転直下、巨人に。

鈴木　最初のうちは神宮でのプレーに憧れていました。学生野球では最高の舞台ですから。ところが長嶋さんにお会いし、口説かれた瞬間、頭の中が真っ白になってしまったんです。

――それは、よく聞く話です。私と鈴木さんは同い年ですから、私たちの世代にとって長嶋さんは神様も同然です。神様に口説かれたら、頭の中が真っ白になる気持ちもわからないではありません。

鈴木 子供の頃、巨人対阪神戦を観るため、よく父親に甲子園に連れていかれました。当時の巨人のエースが堀内恒夫さんで、阪神のエースが江夏豊さん。二人とも好投手なので、なかなか点は入りません。そんな時、勝負を決めるのはほとんど長嶋さんでした。そりゃ子供心に〝かっこいいなァ〟と思いますよ。

背番号5のバット引き

――ちなみに契約金は？

鈴木 確か三〇〇〇万円くらいでした。当時、高校生の一位指名で、五〇〇〇万円をちょっと切る程度。僕は本来なら一位か二位だったんですが、大学進学を表明していたから他球団は敬遠して五位まで残っていた。だから、本当はもっともらえたかもしれませんね。でも、実際に長嶋さんに会ったら、おカネのことは切り出せませんよ。父親は「もう長嶋さんの誠意で十分です」と言いましたよ。今にして思えば、もう少しおねだりしてもよかったかもしれない（笑）。

――ひとつ上の四位指名が同じ姓の鈴木伸良さん（名古屋電気高）でした。長嶋さん、康友さんと区別が付かなかったという逸話も。

鈴木　宮崎キャンプでのことです。第二クールか第三クールか忘れましたが、長嶋さんが二軍の練習場にやってきたんです。伸良はピッチャーでしたが、二軍から〝やりそうだ〟という良い報告が長嶋さんのところに上がってきたんでしょうね。で、僕の顔を見るなり、スタスタスタスタと歩いてきて、こう言ったんです。「どうだ伸良、調子は？」って（笑）。

――まるでコントですね。

鈴木　これ、長嶋さんじゃなかったら、笑い話じゃすみませんよ。一カ月ちょっと前までは、僕の前で「キミは僕の弟のような気がする」と言って、あれだけ口説いていたのに、それが、いきなり「ノブヨシ、どうだ？」ですから（笑）。

――普通なら人間不信になりますね。

鈴木　それが長嶋さんなんです（笑）。僕はいきなり洗礼を受けたものですから、それ以来、もう、ちょっとやそっとのことでは驚かなくなりました。

――巨人での背番号は「5」でした。いくら大物ルーキーとはいえ、高校出の野手が、ひとケタの番号をもらうのは巨人では異例中の異例です。背番号「5」と言えばV9シヨートの黒江透修さん、メジャーリーグで一二四本塁打の実績を引っさげて入団したデービー・ジョンソンさんが背負っていました。

鈴木　巨人は永久欠番が多いですよね。特にひとケタは。長嶋さんの「3」、現役選手のまま病死した黒沢俊夫さんの「4」、この頃はまだ現役でしたが、王貞治さんの「1」も、引退後は間違いなく永久欠番になる番号でした。

実はドラフト制導入以降、巨人において高校出のルーキーが、いきなりひとケタの番号をもらったのは、今のところ僕が最初で最後なんです。だけど、この背番号のプレッシャーは想像以上でした。

――当時、巨人の二軍には篠塚利夫（和典）さんや中畑清さん、平田薫さんらがいました。調べてみるとドラフト一位の篠塚さんでも、最初の番号は「37」なんですね。中畑さんは入団以来、ずっと「24」で通しました。

鈴木　そうなんです。中畑さんや篠塚さんと一緒にノックを受けていて、僕がちょっとでもポロッとしようものなら、中畑さんからヤジが飛んできました。「ヘイヘーイ！　番号も軽いけど、プレーも軽いな」なんて。

――中畑さんらしいですね。

鈴木　ヤジられる方はたまったもんじゃない。そのたびにこっちは〝全然、軽くないわ。逆に重いくらいだわ〟と、参っていましたよ。

――当時の多摩川グラウンドの風景が甦ってきます。

鈴木　一軍と二軍とでは天国と地獄、生き馬の目を抜くような生き残り競争が続いていました。早稲田の「内定」を辞退し、巨人に入ると決めた段階で、僕は「多摩川大学で四年間、みっちり仕込んでもらおう」と肚をくくりました。しかし現実は、想像していた以上に厳しかった。

いくらひとケタの背番号をもらっているとはいえ、僕は高校を出たばかりのルーキーですから、二軍ではバット引きもやらされるんです。要するにバッターが放ったバットを片付ける役です。春先まではいいんですよ。ウインドブレーカーを着てますから。ところが暖かくなると、ユニホーム姿のままバット引きをやる。そうすると、多摩川グラウンドのお客さんからヤジが飛んでくるんです。「おいおい、背番号5がバット引きかよ」なんてね。

プレーのヤジはともかく、これはこたえましたね。だって、こればかりは自分ではどうにもできないことですから。〝こりゃ、早く一軍に上がらないと、とんでもないことになるぞ〟と……。その意味で背番号「5」は一八歳や一九歳の若僧にとっては、大変なプレッシャーでした。

レジー・スミスの給与明細

――鈴木さんが一軍デビューを果たしたのは、プロ入り三年目の一九八〇年。この年、主に守備固めとして三九試合に出場しました。

鈴木　出たとはいっても、打率は一割、ホームランは二本です。当時、巨人のショートには肩のいい河埜和正さんがいて、なかなか出番には恵まれませんでした。

――一軍に出ることで〝やっとプロ野球選手になった〟との実感も出てきたのでは？

鈴木　実感といえば、プロ二年目に二軍でレギュラーを取った時ですね。地方球場で試合をするとホームラン賞や猛打賞をもらえるんです。金額にすると一万円か一万五〇〇〇円くらいなんですが、自分が稼いだカネという実感がありましたね。

――でも一軍に上がると年俸もはね上がるでしょう。

鈴木　僕で六〇〇万くらいでした。メジャーリーグで通算三一四本塁打のレジー・スミスが巨人に入団したのが一九八三年。たまたま一軍のロッカーに給料袋が落ちていた。給料は銀行振り込みなので入っているのは明細だけです。光に透かしてみたら、確か月給の金額が八五〇万円くらいでした。もう、ぶったまげましたね（笑）。

――鈴木さんを強引に巨人に誘った長嶋茂雄さんは八〇年限りでユニホームを脱ぎます。

「男のけじめ」が、その理由でした。成績は三位と悪くなかったのですが……。

鈴木　僕は長嶋さんに誘われて巨人に入り、ひとケタの背番号までもらった。長嶋さんとともにクビになるんだろう、と思いました。いわゆる〝長嶋チルドレン〟と呼ばれた選手たちは皆、大なり小なり動揺していたんじゃないでしょうか。

――次の監督はピッチャー出身の藤田元司さんでした。巨人の現役時代には二年連続（一九五八、五九年）ＭＶＰにも輝いています。

鈴木　やはり監督が代わってチームの雰囲気もガラッと変わりましたね。江川卓さん、西本聖さん、定岡正二さんらピッチャーを中心にした守りの野球になりました。

僕は藤田監督三年目の八三年、七七試合に出場し、打率二割七分五厘、五本塁打と、これまでで一番の成績を残すのですが、守備での仕事が評価されたと思っています。守っていて神経を使ったのは西本さんが投げる時ですね。この頃、西本さんは土のグラウンドではなかなか勝てなかった。シュートピッチャーの西本さんは、それでゲッツーを狙うのですが、エラーが出たりするとカリカリしていましたね。

西本さんは細かい技術も優れていた。ノールックといって二塁ランナーを見ないで、いきなり牽制球を放ることがあるんです。うまくタイミングをはかってアウトにすると、「ヤス、ありがとう」と言ってポンと小遣いをくれた。一万円くらいでしたけど、これはうれしかったですね。

広岡西武、中日落合の衝撃

――西武にトレードされたのは八四年オフ、監督は藤田さんから王貞治さんになっていました。

鈴木　トレードの相手は同じ内野手の鴻野淳基。二人とももうひとつ伸び悩んでいるということで環境を変えようという狙いが両球団にあったと思います。

――西武の監督は広岡達朗さん。八二年、八三年と連続日本一に輝いていました。

鈴木　西武に入ってまず驚いたのがキャンプでの無駄のない練習です。空き時間が一切ない。巨人だってそんなに緩いキャンプを送っていたわけではないのですが、普通にランチタイムがあり、皆カツ丼などを食べていました。

ところが西武の練習スケジュールは文字通り分刻みで、ランチタイムなんてものはない。選手は移動しながら野菜スティックやカロリーメイトをかじっていました。

――当時の西武は石毛宏典さん、辻発彦さんを中心に鉄壁の内野陣を形成していました。

鈴木　たとえば投内連携です。巨人ではコーチの指示を仰ぐのですが、西武では石毛さんや辻さんが年上の選手に対し遠慮なしに〝ああしろ、こうしろ〟と指示を飛ばしていた。これはちょっとしたカルチャーショックでした。

というのも〝強いチームは声が出ている〟というでしょう。あれは当然なんです。選手同士で声を掛け合い、一球ごとにフォーメーションを修正するんです。逆に弱いチームはグラウンドに声が響かない。それは守備の意識が低いからです。

――八六年には市村則紀さんとのトレードが成立し、中日に移籍しました。同年の一一九試合、一一本塁打、三〇打点はキャリアハイです。主に二番を打ち、リーグ最多の三五犠打を記録しました。

鈴木　この年は六月の頭までに九本のホームランを記録しているんです。打率も二割七分くらいありました。そうなると内角攻めが多くなる。巨人戦では江川さんからデッドボールをくらいました。あのコントロールのいい江川さんから……。

――八七年にはロッテから落合博満さんが移籍してきましたね。

鈴木　落合さんは別格でしたね。たとえば落合さんのフリーバッティングの時、守備につく。捕れると思ったゴロが内野手の間を抜けていくんです。要するに打球にオーバースピンがかかっているんですね。逆にボールを遠くへ飛ばす時にはバックスピンをかける。これは並外れたヘッドスピードがないとできない所業です。足の速くない落合さんが、なぜあれだけヒットを量産できるのか。謎が解けたような気がしました。

神様がくれたヒット

――中日で四年プレーした後、再び西武に戻ります。鈴木さんが一躍、全国区になったのが九一年の日本シリーズでした。広島の三勝二敗で迎えた第六戦、六回裏二死満塁の場面です。スコアは1対1。左の安部理さんに対し、広島の山本浩二監督は二日前に八回一〇四球を投げたばかりのサウスポー川口和久さんをマウンドに送った。左対左ということで西武・森祇晶監督は右の鈴木さんを代打に起用しました。

鈴木　僕はクビ覚悟で打席に入りました。ここで三振したら辞めるわ。そんな気持ちでした。緊張で足が震えるようなこともなかったし、むしろ一分でも一秒でもこの雰囲気を楽しみたいという意識のほうが強かった。

——初球はインハイのストレートをファウル。二球目はインローにクロスファイヤーのストレート。即座に2ストライクナッシングと追い込まれてしまった。

鈴木　僕はストレートがくると読んでいました。というのも、二死満塁という状況から判断して、相手バッテリーが一番嫌がるのは変化球に引っかかってボテボテの内野ゴロになることです。つまり変化球はないと。

相手バッテリーからすれば、理想は一に三振、二にポップフライ。となれば、当然、キャッチャーは内角にストレートを要求する。問題はそれをどう打つかなんですが、差し込まれながらも詰まった分だけラインの内側に入りました。レフト前への2点タイムリー。自分ながら、〝よう打てた〟と思いました。あれは野球の神様が打たせてくれたヒットだと今でも思っています。

──結局、このゲームをとった西武は次のゲームも勝ち四勝三敗で広島を下しました。鈴木さんにとっては三度目の日本一でした。

鈴木　あのヒットで僕は現役が一年伸びたんです。翌九二年もリーグ優勝し、日本シリーズでは野村ヤクルトを四勝三敗で下して日本一になりました。シリーズ終了後、僕と大宮龍男さんが胴上げされました。ずっとベンチにいた僕らが何で胴上げされるのか。胴上げされながら合点がいきました。〝これでクビなんだろうな〟と。

試合後、ヘッド兼打撃コーチだった黒江透修さんに言われました。「オマエは西武の最後の三年、ベンチの中でいろいろ勉強したやろうから、いいコーチになるぞ」と。その時はピーンとこなかったのですが、しばらくしてその意味がわかってきました。

対西武四タテ日本一の陰に

──鈴木さんは現役引退後、そのまま西武のコーチとなり、その後、巨人、オリックス、西武、東北楽天、福岡ソフトバンクとＮＰＢだけでのべ六球団で選手を指導しました。守備・走塁部門が主な役割でした。

多くの名将の下で働きました。西武時代は森祇晶さん、東尾修さん、巨人では原辰徳さん、楽天では星野仙一さん、そしてソフトバンクでは工藤公康さんです。コーチとしては七回のリーグ優勝と、三回の日本一を経験されています。とりわけ思い出深いシーズンはありますか？

鈴木　巨人時代の二〇〇二年ですね。日本シリーズでは西武を四タテ（四勝〇敗）で倒して日本一になりました。

　初戦は東京ドームでした。前日の公式練習で、僕はグラウンドキーパーに「ホームベース前のアンツーカーの部分をやわらかくしておいてください」と頼んだんです。

――やわらかく？　それはなぜですか？

鈴木　西武が地上戦なら、長打力で勝る巨人は空中戦、というのが前評判でした。その頃の西武はトップから松井稼頭央、小関竜也、高木大成と足の速い選手が並んでいました。内野安打を狙ってバチーンと叩きつけたらどうなるか。アンツーカーの部分が硬かったらポーンとはね上がり、人工芝の上にポトリと落ちて打球が死んでしまう。そうなると必然的に内野安打ですよ。それを警戒したんです。

――初戦の巨人の先発はエースの上原浩治投手でした。先頭の松井選手がセンター前ヒットで出塁して、二番の小関選手に回ってきました。

鈴木　案の定、小関は送ってきました。ところがバントがあまり弾まず、キャッチャー阿部慎之助の前に転がった。慎之助はそれをさっと捕り、セカンドで俊足の松井をアウトにしたんです。

――狙い通りですね。

鈴木　もしあの犠牲バントが決まっていたら、西武の流れになっていたかもしれない。その後、西武の先発・松坂大輔から清水隆行と清原和博が2ランを放ち、結局、試合は4対1で巨人が勝ちました。初回の守備がシリーズの流れをつくったと言えるかもしれません。

――コーチ冥利に尽きる試合ですね。

鈴木　試合後、グラウンドキーパー長がわざわざコーチ室にまでやってきて、「康友さん、やったね」と言って握手を求めてきましたよ。僕の狙いを理解してくれていたんですね。

楽天日本一のその時

――その次の日本一は二〇一三年です。楽天が球団創設九年目にして初の日本一になりました。東日本大震災から二年後の快挙でした。被災地に勇気を与えたとして、日本中が感動しました。

鈴木　この年、マー君（田中将大）は二四勝〇敗ですよ。ありえないことが起きました。

――下馬評では巨人が圧倒的有利でした。

鈴木　僕たちもそう思っていましたよ。日本一になるには、第七戦までもつれるしかないと。

ところが美馬学や辛島航らの頑張りがあり、三勝二敗と王手をかけて第六戦を迎えた。第六戦はマー君だから、これは行ったと思いましたよ。ところが、そのマー君が負け投手となり、第七戦へ。思わず言っちゃいましたよ。「オマエ、ずっと連勝してきて、ここで負けるか⁉」って（笑）。

――でもこれがドラマの伏線となったわけですね。

鈴木　そうです。試合後にマー君が星野さんのところに来て「明日、ベンチに入れてください」と直訴したんです。僕はその様子を隣で見ていたんですが、星野さんは「オマエ、ベンチに入れるということは投げるということだぞ。わかってるのか？」と何度も確認しました。

――マー君の反応は？

鈴木　彼は「はい、わかってます」と。それでベンチに入ることになったんです。

――第七戦は楽天が美馬投手、巨人が杉内俊哉投手の先発で始まりました。楽天は一回、二回、そして四回に1点ずつ取り、3対0とリード。星野さんは好投の美馬投手を六回で降ろし、則本昂大投手に七、八回を任せました。そして、九回表です。信じられないことが起きました。

鈴木　2対0のままなら、星野さんは「そのまま九回も則本に任せていた」と話していました。3対0だから、どうするのかと思って見ていたら、隣にいた星野さんが「よっしゃっ！」と声を発して立ち上がったんです。そして杉永政信球審の方に向かって歩いていった。

――鈴木さんは名シーンの生き証人ですね。

鈴木　星野さんは杉永球審に第一声を発した。「おい、うちの抑えには誰がおるんや？」って。「監督、小山ですか、それとも福山ですか？」と聞くと、星野さんが「もうひとりおるやろう？」って。パッと見ると球審はびっくりしたような表情を浮かべている。「えっ、まさか……。行くんですか？」。次の瞬間、「田中や！」ですよ。僕は近くでこの様子を見ていて体が震えそうになりました。

――この瞬間、本拠地のＫスタ宮城は、観客全員が総立ちになりました。田中投手は前日に一六〇球をひとりで投げ、負け投手になっているわけですからね。

このピッチャー交代に対しては、「田中を潰すのか!?」とか「非情采配」といった批判の声も上がりましたが、田中投手が志願してベンチに入っていたんですね。九回表の交代劇の背景に、そうしたドラマがあったとは知りませんでした。

しかし、田中投手の疲れは明白で二本のヒットを浴び、二死一、三塁のピンチを迎えます。ホームランが出れば試合は振り出しに戻ってしまいます。結局、最後の矢野謙次選手を三振に切って取り、初の日本一を達成するわけですが、ベンチの中でハラハラしていたのでは？

鈴木　この日本シリーズは、大震災から二年後ということもあって、巨人に対しては「おい、勝ったら承知せんぞ」みたいな空気が日本中にみちあふれていましたね。国民の後押しがあっての日本一だったと思います。
個人的には星野さんがマー君の名を呼び、球場中に彼のテーマソングが鳴り響いた瞬間から、もうウルウル状態ですよ。僕だけじゃなく、ほとんどのコーチがそうだったと思います。

――鈴木さんはＮＰＢの他、独立リーグのＢＣリーグ・富山、四国アイランドリーグＰｌｕｓ徳島でも選手を指導しました。今はご長男が在籍していた立教新座高（埼玉）の臨時コーチをされています。

鈴木　この前、選手たちにイチローの話をしました。二〇一九年三月二一日、東京ドームでのアスレチックス戦を最後にイチローはユニホームを脱ぎました。

――最後の打席はショートゴロでした。

鈴木　そうです。イチローは間一髪のタイミングでアウトになりました。僕が感心したのは最後まで基本通りに前傾姿勢、左足でケガをしないベースの踏み方をルーティンのごとく守っていたことです。

最近は忘れられがちですが、本来、一塁ベースを右足で踏んではいけないんです。実際に試してみればわかりますが、左足で踏めば、仮にファーストやベースカバーに入ったピッチャーと交錯してバランスを崩したとしても、右足をすぐに出して対応することができる。

ところが右足でベースを踏んで交錯プレーになると、次の一歩が出せずに肩や背中から地面に落ちたり、つまずいてころぶことになる。イチローが四五歳まで現役を続けられたのは、こうした基本中の基本とも言えるプレーを最後まで大事にしたからだと思うんです。こうしたことを若い選手たちに伝えるのが僕の仕事なんじゃないかと。そして、それこそが野球に対する恩返しだと考えています。

本書は講談社PR誌『本』に連載された「新日本野球紀行」（二〇一四年七月号〜二〇二〇年四月号）を元に再構成し、加筆・修正を加えたものです。

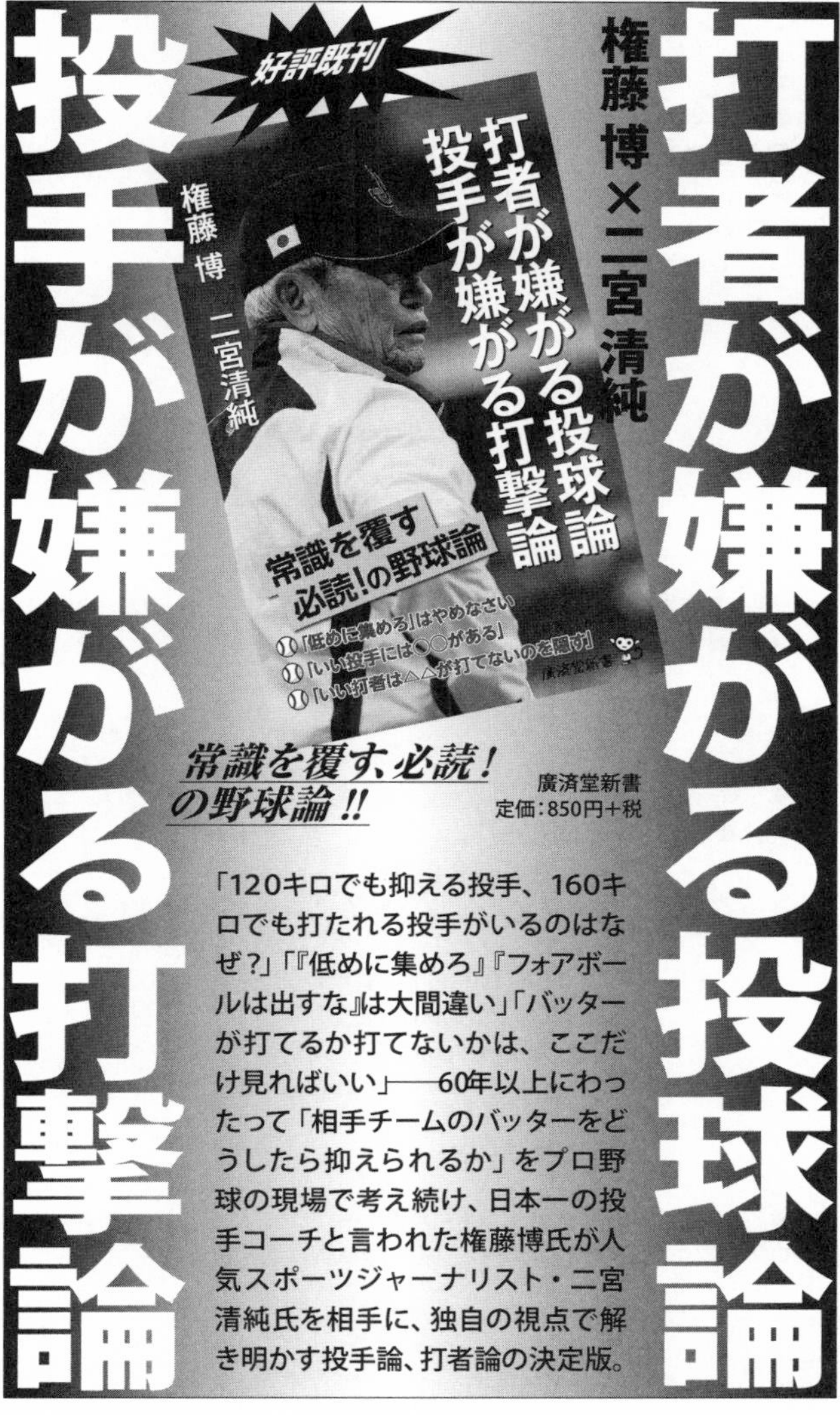

打者が嫌がる投球論
権藤博×二宮清純
好評既刊
打者が嫌がる投球論
投手が嫌がる打撃論
権藤博
二宮清純
常識を覆す
必読!の野球論
「低めに集めろ」はやめなさい
「いい投手には○○がある」
「いい打者は△△が打てないのを隠す」
廣済堂新書
常識を覆す、必読!
の野球論!!
廣済堂新書
定価:850円+税
「120キロでも抑える投手、160キロでも打たれる投手がいるのはなぜ?」「『低めに集めろ』『フォアボールは出すな』は大間違い」「バッターが打てるか打てないかは、ここだけ見ればいい」――60年以上にわたって「相手チームのバッターをどうしたら抑えられるか」をプロ野球の現場で考え続け、日本一の投手コーチと言われた権藤博氏が人気スポーツジャーナリスト・二宮清純氏を相手に、独自の視点で解き明かす投手論、打者論の決定版。
投手が嫌がる打撃論

編　　集　飯田健之
編集協力　松山久
協　　力　株式会社スポーツコミュニケーションズ
DTP制作　三協美術

証言　昭和平成プロ野球
語り継ぎたいあの伝説と事件の真相

2021年11月5日　第1版第1刷

著　者　二宮清純
発行者　伊藤岳人
発行所　株式会社廣済堂出版
〒101－0052　東京都千代田区神田小川町
2－3－13　M&Cビル7F
電話 03-6703-0964(編集) 03-6703-0962(販売)
Fax 03-6703-0963(販売)
振替 00180-0-164137
https://www.kosaido-pub.co.jp

印刷所
製本所　三松堂株式会社

装　幀　株式会社オリーブグリーン
ロゴデザイン　前川ともみ＋清原一隆(KIYO DESIGN)

ISBN978-4-331-52346-9 C0295